Fun, Easy, Beautiful

# HIRAGANA & KATAKANA

## WORK BOOK

コツを覚えて
きれいに書ける

ひらがな
カタカナ
練習帳

林富美子
Fumiko Hayashi

鶴田利奈
Rina Tsuruta

**the japan times** PUBLISHING

HIRAGANA & KATAKANA WORKBOOK: Fun, Easy, Beautiful
コツを覚えてきれいに書ける　ひらがな・カタカナ練習帳

2025年2月5日　初版発行

著　者：林富美子・鶴田利奈
発行者：伊藤秀樹
発行所：株式会社 ジャパンタイムズ出版
〒102-0082　東京都千代田区一番町2-2　一番町第二TGビル2F

ISBN 978-4-7890-1908-8
本書の無断複製は著作権法上の例外を除き禁じられています。

Copyright © 2025 by Fumiko Hayashi and Rina Tsuruta

All rights reserved. No part of this publication may be reproduced, stored in a retrieval system, or transmitted in any form or by any means, electronic, mechanical, photocopying, recording, or otherwise, without the prior written permission of the publisher.

First edition: February 2025

Translations: John McGovern (English) / Amitt Co., Ltd (Chinese and French)
Narrator: Marin
Recordings: Studio Glad Co., Ltd.
Layout design and typesetting: blueink
Cover design: Shohei Oguchi + Akane Hatanaka (tobufune)
Printing: Chuo Seihan Printing Co., Ltd.

Published by The Japan Times Publishing, Ltd.
2F Ichibancho Daini TG Bldg., 2-2 Ichibancho, Chiyoda-ku, Tokyo 102-0082, Japan
Website: https://jtpublishing.co.jp

ISBN 978-4-7890-1908-8

Printed in Japan

# はじめに

　この本は、ひらがなとカタカナのきれいな書き方をマスターするためのワークブックです。これから日本語を学び始める人、かなをきれいに書きたい人、日本語の文字に興味があって書く練習をしてみたい人に使っていただくことを想定しました。

　本書では、まず、日本語の文字と母音の発音について紹介します。次に、ひらがなとカタカナを 1 字ずつ練習します。各ページにはコードがついていて、そのページの文字をペンで実際に書いているところを動画で見ることができます。また、書き方のポイントの図や、なぞり書きによって、よりよいバランスで文字が書けるようになります。本書には、書き方動画のほかに、音声とフラッシュカード動画がついています。動画で文字を見ながら声に出して練習すると、文字と音を頭の中で結びつけることができます。10 〜 15 字ごとにクイズがあり、最後には短い文を書きます。全体に英語、中国語、フランス語の翻訳をつけました。

　本ワークブックの作成を通して、私たち著者もかな文字の美しさにあらためて気がつきました。本書によって、かなをきれいに書くことを楽しんでいただけましたら幸いです。

　ジャパンタイムズ出版の阿部宥子さんには、図をわかりやすくする工夫、動画作成、構成に関する助言などたくさんのサポートをいただきました。心より感謝を申し上げます。

2025 年 2 月

著者

# Preface

This book is a workbook for mastering how to write hiragana and katakana beautifully. It is designed for people who are starting to learn Japanese, want to write kana beautifully, or are interested in Japanese characters and want to practice writing them.

The book begins with an introduction to Japanese characters and the pronunciation of vowels. Next, it provides practice in writing individual hiragana and katakana characters. Each page has a QR code linking to a tutorial video that shows how that page's character is actually handwritten with a pen. There are also pointers and figures on how the characters are written, and the opportunity to do tracing practice that can help you to add better balance to the shape of the characters you write. In addition to the tutorial videos, this book also features audio pronunciation aids and flashcard videos. A good way to mentally link each character with its pronunciation is to read it aloud as you practice writing it as shown in the tutorial video. Quizzes are provided for sets of 10 to 15 characters, and practice in writing short sentences can be found at the end. Also, English, Chinese, and French translations are provided throughout the book.

The process of creating this workbook gave us a renewed appreciation for the beauty of kana. We hope that this resource will enable you to experience the joy of writing kana beautifully.

We warmly thank Yuko Abe of The Japan Times Publishing for her full support, particularly her insightful advice on video production, the book's structure, and how to make the figures easier to understand.

The Authors
February 2025

# 序言

本书是用于掌握平假名和片假名的工整书写方法的练习册。专为刚开始学习日语的人、希望工整书写假名的人以及对日语文字感兴趣并希望练习书写的人编写。

本书首先将介绍日语的文字和元音的发音。其次，逐字练习平假名和片假名。每一页都附有二维码，扫描二维码可以观看实际用笔书写该页文字的视频。此外，利用标明书写要点的示意图和描红练习，将帮助您更好地掌握书写文字时的平衡感。除了书写视频以外，本书还附有音频和卡片式记忆视频。一边观看视频中的文字，一边朗读练习，能够在头脑中将文字与声音关联起来。每 10 ～ 15 个字会有猜谜问答，并在最后需要书写短句。全文提供英文、中文和法文翻译。

通过编写本练习册，作为作者我们也重新认识到了假名文字之美。希望本书能让您享受到工整书写假名的乐趣。

在如何设计简明易懂的图表、制作视频以及结构方面，The Japan Times 出版的阿部宥子女士提供了建议等诸多支持。对此我们表示衷心感谢。

2025 年 2 月

作者

# Avant-propos

Cet ouvrage est un livre d'exercices destiné à acquérir une belle écriture des hiragana et des katakana. Il s'adresse aux personnes débutant l'apprentissage du japonais, à celles qui désirent savoir comment écrire les caractères japonais d'une belle manière ou encore celles qui, intéressées par ces caractères, veulent s'exercer à leur écriture.

Dans cet ouvrage, nous commençons par vous présenter les caractères japonais et la prononciation des voyelles. Ensuite, vous exercerez à écrire chaque hiragana et katakana un à un. Sur chaque page se trouve un code QR dirigeant vers une vidéo permettant de voir directement comment s'écrit, au stylo, le caractère présenté sur la page. De plus, grâce aux illustrations sur les points essentiels de l'écriture et aux tracés à suivre, vous apprendrez à écrire des caractères mieux équilibrés. Outre les vidéos d'exemple, vous trouverez également des fichiers audio et des vidéos de flashcards. En prononçant à haute voix et en vous entraînant à écrire les caractères tout en regardant ces vidéos, vous pourrez relier à chaque caractère sa prononciation. Un quiz est proposé tous les 10 à 15 caractères et vous écrirez un petit texte à la fin. Des traductions en anglais, chinois et français sont données tout le long de l'ouvrage.

À l'occasion de l'élaboration de ce livre d'exercices, nous, ses auteurs, avons une nouvelle fois constaté la beauté des caractères japonais. Nous espérons que vous prendrez plaisir à bellement les écrire à travers cet ouvrage.

Enfin, nous tenons à exprimer nos remerciements à Madame Yuko Abe de Japan Times Publishing, pour son soutien et ses nombreux conseils afin de rendre les illustrations plus compréhensibles, sur la création des vidéos et la composition de l'ouvrage.

Février 2025

Les auteurs

# もくじ Contents / 目录 / Table des matières

**はじめに** ⋯⋯⋯⋯⋯⋯⋯⋯⋯⋯⋯⋯⋯⋯⋯⋯⋯ 3
Preface / 序言 / Avant-propos

**この本の使い方** ⋯⋯⋯⋯⋯⋯⋯⋯⋯⋯⋯⋯⋯ 10
How to Use This Book / 本书的使用方式 /
Comment utiliser ce livre

**音声ダウンロード方法** ⋯⋯⋯⋯⋯⋯⋯⋯⋯ 12
How to Download the Audio Files / 有声下载方法 /
Comment télécharger les fichiers audio

# イントロダクション　Introduction　13

**日本語の文字のシステム・書き方のコツ** ⋯⋯⋯⋯⋯ 14
The Japanese Writing System, Writing Tips /
日语的文字系统，书写技巧 /
Système des caractères du japonais. Astuces d'écriture

**母音の発音** ⋯⋯⋯⋯⋯⋯⋯⋯⋯⋯⋯⋯⋯⋯⋯ 22
Vowel Pronunciation / 元音的发音 / Prononciation des voyelles

**50 音図** ⋯⋯⋯⋯⋯⋯⋯⋯⋯⋯⋯⋯⋯⋯⋯⋯ 24
50 Kana Syllabary Chart / 50 音图 /
Tableau phonétique des 50 sons

# ひらがな　Hiragana　27

**あいうえお　かきくけこ** ⋯⋯⋯⋯⋯⋯ 28-37
● Practice あ ▶ こ　38

**さしすせそ　たちつてと** ⋯⋯⋯⋯⋯⋯ 39-48
● Practice さ ▶ と　49

7

## なにぬねの　はひふへほ ......................................... 50-59
● Practice な ▶ ほ　60

## まみむめも　やゆよ ............................................. 61-68
● Practice ま ▶ よ　69

## らりるれろ　わをん ............................................. 70-77
● Practice ら ▶ ん　78

## 似ている文字の練習 ............................................. 79
Practice Writing Similar Characters / 相似文字练习 /
Exercices avec des caractères similaires sons

## 濁音・半濁音 ..................................................... 80
Voiced Sounds & P-sounds / 浊音、半浊音 /
Consonnes sonores et semi-sonores
● Practice 濁音・半濁音　Voiced Sounds & P-Sounds　81

## 長音 ............................................................. 82
Long Vowels / 长音 / Voyelle longue

## 促音 ............................................................. 83
Double Consonants / 促音 / Consonne double

## 拗音 ............................................................. 84
Contracted Sounds / 拗音 / Syllabe contractée
● Practice 拗音　Contracted Sounds　85

## 短い文の練習 ..................................................... 86
Practice Writing Short Sentences / 短句练习 /
Exercices d'écriture de phrases courtes

# カタカナ　Katakana　　　　　　　　　　　87

## アイウエオ　ン ................................................. 88-93

## 長音 ............................................................. 94
Long Vowels / 长音 / Voyelle longue

8

## カキクケコ　サシスセソ ······· 95-104
● Practice ア ▶ ソ ＋ ン ＋ 長音　Long Vowels　　105

## タチツテト ················ 106-110

## 促音 ·········· 111
Double Consonants / 促音 / Consonne double

## ナニヌネノ　ハヒフヘホ ······· 112-121
● Practice タ ▶ ホ ＋ 促音　Double Consonants　　122

## マミムメモ　ヤユヨ ········· 123-130

## 拗音 ·········· 131
Contracted Sounds / 拗音 / Syllabe contractée

## ラリルレロ　ワ ·········· 132-137
● Practice マ ▶ ワ ＋ 拗音　Contracted Sounds　　138

## 似ている文字の練習 ········· 139
Practice Writing Similar Characters / 相似文字練習 /
Exercices avec des caractères similaires sons

## 特別な音 ·········· 140
Special Combinations / 特殊音 / Son spécial

## 地名 ·········· 141
Place Names / 地名 / Noms de lieu

## 短い文の練習 ·········· 142
Practice Writing Short Sentences / 短句練習 /
Exercices d'écriture de phrases courtes

# この本の使い方

How to Use This Book / 本书的使用方式 / Comment utiliser ce livre

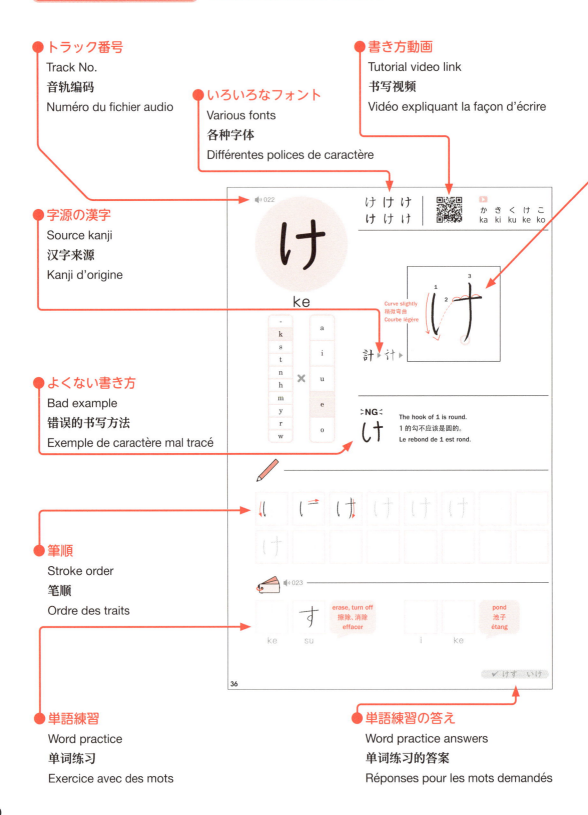

- トラック番号
  Track No.
  音轨编码
  Numéro du fichier audio

- いろいろなフォント
  Various fonts
  各种字体
  Différentes polices de caractère

- 書き方動画
  Tutorial video link
  书写视频
  Vidéo expliquant la façon d'écrire

- 字源の漢字
  Source kanji
  汉字来源
  Kanji d'origine

- よくない書き方
  Bad example
  错误的书写方法
  Exemple de caractère mal tracé

- 筆順
  Stroke order
  笔顺
  Ordre des traits

- 単語練習
  Word practice
  单词练习
  Exercice avec des mots

- 単語練習の答え
  Word practice answers
  单词练习的答案
  Réponses pour les mots demandés

## 書き方のポイント
Writing pointers
书写要点
Points essentiels pour l'écriture

はね・折れ
Hook / Angle
勾、折
Rebond ／ Pli

はらい
Tapered sweep
撇捺
Balayage

空間を空ける
Spacing
腾出空间
Espace à respecter

### 進め方
1. まず音声を聞いて発音を確認しましょう。ローマ字からイメージする音とは違うかもしれません。
2. 書き方動画でペンの動きや筆順、書くときのリズムを見てみましょう。
3. 書き方のポイントを見ながら、枠の中に1字ずつ書いてみましょう。全体の字形や、点画の位置、長さ、角度をよく見て書きましょう。
4. 練習した字を使って単語を書いてみましょう。正しい字を書けたか、答えを確認してください。
5. 10～15字練習したら、クイズのページがあります。QRコードからフラッシュカード動画が見られるので、単語を声に出して読んで、発音を確認しましょう。

### Instructions
1. First, listen to the audio aid to familiarize yourself with the character's pronunciation. The actual sound may differ from what you expected from the romanization.
2. Watch the tutorial video to study the pen movement, the stroke order, and the rhythm of handwriting.
3. Practice writing the character within each square provided, remaining mindful of the pointers. Pay close attention to the overall shape of the character, as well as each stroke's position, length, and angle.
4. After practicing writing the character alone, try writing it as part of words. Refer the answers provided to see if you wrote the characters correctly.
5. Flashcard videos accessed by QR code are provided at a pace of one for every 10 to 15 characters completed. Read the words aloud and check your pronunciation.

### 使用顺序
1. 首先请听音频并确认发音。实际发音可能与通过罗马字想象的发音不同。
2. 请观看书写视频，了解运笔、笔顺和书写节奏。
3. 观看书写要点，并试着在方框逐字书写。请仔细观察整体字形以及笔划的位置、长度和角度后书写。
4. 请试着用练习过的字写单词。请核对答案，确认字是否写正确了。
5. 练习10～15个字后，会有猜谜问答页。扫描二维码后可以观看卡片式记忆视频，请朗读单词并确认发音。

### Comment procéder
1. D'abord, écoutez le fichier audio pour vérifier la prononciation. Celle-ci est peut-être différente de ce que la transcription alphabétique (rōmaji) laisse imagine.
2. Grâce la vidéo expliquant la façon d'écrire le caractère, regardez comment mouvoir le stylo, l'ordre des traits et le rythme d'exécution.
3. Tout en consultant les points essentiels pour l'écriture, tracez un caractère à la fois dans le cadre. Écrivez le caractère en vérifiant bien sa forme d'ensemble ainsi que la position, la longueur et l'angle des traits.
4. Écrivez des mots employant le caractère que vous avez exercé. Vérifiez si vous avez écrit le caractère correct en consultant les réponses.
5. Une fois que vous aurez exercé entre 10 et 15 caractères, vous trouverez une page de quiz. En regardant la vidéo de flashcards à partir du code QR, prononcez à voix haute avant de vérifier la prononciation.

# 音声ダウンロード方法

How to Download the Audio Files / 有声下载方法 /
Comment télécharger les fichiers audio

●本書の音声は、以下 2 つの方法でダウンロードすることができます。すべて無料です。

The audio files for this book can be downloaded/listened to free of charge in the following two ways.

此书的有声音档可以使用以下 2 种方法下载 / 播放。完全免费。

Les fichiers audio accompagnant cet ouvrage peuvent être téléchargés selon les deux manières ci-dessous. Elles sont toutes les deux gratuites.

## ❶ アプリ「OTO Navi」でダウンロード

Download them on the OTO Navi app / 下载「OTO Navi」APP /
Téléchargement via l'application « OTO Navi »

右のコードを読み取って、ジャパンタイムズ出版の「OTO Navi」をスマートフォンやタブレットにインストールし、音声をダウンロードしてください。
Scan the QR code to the right to download and install the Japan Times Publishing's OTO Navi app to your smartphone or tablet. Then, use that to download the audio files. / 使用手机或平板扫描右方二维码，就能够安装 The Japan Times 出版的「OTO Navi」APP，下载有声音档。 / Scannez le code QR à droite pour installer l'application « OTO Navi » de The Japan Times Publishing sur votre smartphone ou tablette et télécharger les fichiers audio.

## ❷ ジャパンタイムズ出版のウェブサイトからダウンロード

Download them from the Japan Times Bookclub / 在 The Japan Times 出版的官方网站下载 / Téléchargement depuis le site web de The Japan Times Publishing

パソコンで以下の URL にアクセスして、mp3 ファイルをダウンロードしてください。
Access the site below using your computer and download the mp3 files. / 使用电脑访问以下链接，下载 MP3 档。 / Accédez depuis votre ordinateur au lien ci-dessous et téléchargez les fichiers MP3.

https://bookclub.japantimes.co.jp/jp/book/b656549.html

# イントロダクション

////////////////////////////////////////

# Introduction

# 日本語の文字のシステム

　日本語には、ひらがな、カタカナ、漢字の3種類の文字があります。普通、日本語の文は漢字かな交じりで書かれます。

---

鈴木さんと東京でラーメンを食べました。

Suzuki san to Tookyoo de raamen o tabemashita.

---

| 漢字 | ： | 名詞や語幹など、内容を持つ部分を表します。 |
| ひらがな | ： | 助詞や語尾など、文法的な部分を表します。 |
| カタカナ | ： | 外来語を表します。 |
| ふりがな | ： | 漢字の読み方を表します。 |
| ローマ字 | ： | 日本語をラテン文字で表します。 |

---

　日本語にはもともと固有の文字がありませんでした。書物や概念とともに中国から漢字が伝わると、やがて漢字の意味や音を借りて日本語の文を書き表すようになりました。

　漢字は私的な書き物でだんだん崩して書かれるようになり、10世紀ごろ、漢字を簡略化したものがもとになって、ひらがなができました。それからずっと、一つの音を表すのに複数のひらがなが使われていましたが、1900年に一音一字となるひらがな48字が決められました。

　カタカナは主に漢字の一部分が字になったものです。もとは、9世紀ごろ、漢文を読みやすくするためのマークとして使われていました。

　この本では、3種類の文字のうち、ひらがなとカタカナを扱います。いずれも一音一字の音節文字で、46字ずつあります。

## 書き方のコツ

ひらがな、カタカナをきれいに書くためのポイントは5つあります。

1. 正方形の枠を意識して書く。大きくゆったりと書きましょう。

2. ひらがなは全体にふっくらと丸みを持たせ、折れるところははっきり折って書く。カタカナはより直線的な字形で書く。

3. 画の終わりのとめ、はね、はらいをきちんと書く。

4. 縦の中心線を意識する。ひらがなはもともと縦書きで書く文字だったので、横の中心より縦の中心がより大事です。

5. 横書きで語を書く場合は字の下をそろえて書く。また、「う」「リ」など横幅が狭い文字はとなりの字との間を少し狭くする。

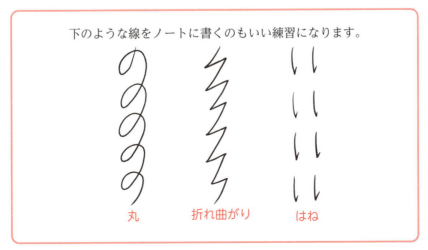

15

# The Japanese Writing System

The Japanese language has three sets of characters: hiragana, katakana, and kanji. Text written in Japanese typically uses a mix of these characters.

鈴木さんと東京でラーメンを食べました。

Suzuki san to Tookyoo de raamen o tabemashita.

I ate ramen in Tokyo with Suzuki-san.

| | | |
|---|---|---|
| **Kanji** | : | Used to represent content words such as nouns and stems |
| Hiragana | : | Used to represent particles, word endings, and other grammatical elements |
| Katakana | : | Used to represent loanwords |
| Furigana | : | Used to provide the readings of kanji |
| Romaji | : | Latin script used to write Japanese (romanization) |

The Japanese language emerged without its own writing system. Japan became exposed to Chinese characters (kanji) through the import of writings, concepts, and other culture from China. Eventually, those characters were adopted along with their sounds and meanings to write Japanese.

Over time, kanji came to be written in a cursive style in personal writings, and around the 10th century hiragana were invented by simplifying the cursive forms of certain kanji. For centuries, multiple hiragana were used to represent the same syllabic sound, but a reform in 1900 assigned only one character per sound, resulting in a set of 48 hiragana.

Katakana, which mainly derive from parts of certain kanji, originated around the 9th century as a script for simplifying kanji readings.

This book focuses on hiragana and katakana. Each of these phonetic syllabaries has 46 characters, one for each syllabic sound.

# Writing Tips

There are five basic pointers for writing hiragana and katakana beautifully.

1. As you write, imagine that each character is enclosed in a square frame. Write them in large, relaxed strokes.

2. Hiragana should be given a billowy, roundish profile, but angles should be sharp. Katakana are written with straighter strokes.

3. Stroke endings (*tome* full stops, *hane* hooks, and *harai* tapered sweeps) need to be written properly.

4. Picture a vertical line running down the center of the characters. Hiragana were conceived for vertical writing, so the vertical center line is more important than the horizontal one.

5. When writing words horizontally, align the bottom of each character as shown below. Also, when writing slender characters like う or り, slightly narrow the space between them and adjacent characters.

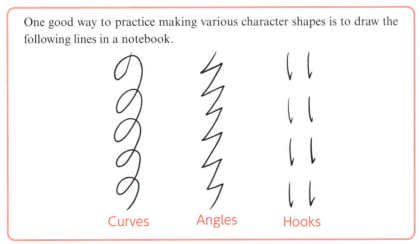

One good way to practice making various character shapes is to draw the following lines in a notebook.

Curves    Angles    Hooks

## 日语的文字系统

日语有平假名、片假名和汉字等3种文字。通常，书写日语文章时会穿插汉字和假名。

---

<ruby>鈴木<rt>すずき</rt></ruby>さんと<ruby>東京<rt>とうきょう</rt></ruby>でラーメンを<ruby>食<rt>た</rt></ruby>べました。

Suzuki san to Tookyoo de raamen o tabemashita.
我和铃木先生在东京吃过拉面。

---

| | | |
|---|---|---|
| 汉字 | : | 表示名词和词干等有内容的部分。 |
| 平假名 | : | 表示助词和词尾等语法的部分。 |
| 片假名 | : | 表示外来语。 |
| 注音假名 | : | 表示汉字的读法。 |
| 罗马字 | : | 用英文字母表示日语。 |

---

日语原本并没有固有的文字。当汉字随着书籍和概念一同，从中国传入后不久，汉字的意义和读音被借用来表示和书写日语文章。

汉字在民间书籍中逐渐草体化，在10世纪左右，在简化后的汉字的基础上，平假名诞生了。此后长期以来，人们用多个平假名来表示一个音，但在1900年规定了一音一字的48个平假名。

片假名主要是由汉字的一部分组成的字。最初在9世纪左右，为了易于阅读汉文，曾将它作为标记使用。

本书介绍3种文字中的平假名和片假名。它们都是一音一字的音节文字，各有46个。

# 书写技巧

工整书写平假名和片假名的要点有5个。

1. 书写时有意识地控制在正方形框范围内。笔画间保持间距并写得大一点。

2. 平假名整体上应写得丰满有圆弧,折笔时要折得清晰。片假名则应书写更直的字形。

3. 笔画末尾的停笔、勾和撇捺应工整书写。

4. 意识到竖向的中心线。平假名最初是竖写的文字,因此相对于横向中心,竖向中心更重要。

5. 横向书写单词时,应对齐文字底部。此外,"う""リ"等宽度较窄的文字与旁边的文字之间的空间应稍窄。

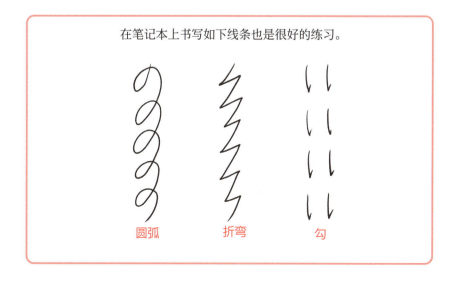

在笔记本上书写如下线条也是很好的练习。

# Système des caractères du japonais

La langue japonaise se compose de trois types de caractères : hiragana, katakana et kanji. De façon générale, les phrases en japonais mélangent ces trois caractères.

<br>

### 鈴木さんと東京でラーメンを食べました。

**Suzuki san to Tookyoo de raamen o tabemashita.**

M. Suzuki et moi avons mangé des ramen à Tokyo.

---

Kanji : ils indiquent les parties qui portent un sens, par exemple un nom ou un radical.

Hiragana : ils indiquent les parties ayant une valeur grammaticale, par exemple les particules ou les terminaisons.

Katakana : ils désignent des mots d'origine étrangère.

Furigara : ils précisent la lecture des kanji.

Romaji : ils servent écrire les mots japonais selon l'alphabet latin.

<br>

Originellement, le japonais était dépourvu de caractères propres. Les kanji sont arrivés au Japon par le biais d'ouvrages et de concepts venus de Chine. Il est alors enfin devenu possible d'exprimer sous forme écrite la langue japonaise, à l'aide de la signification de ces caractères et en empruntant leur prononciation.

La forme des kanji s'est progressivement altérée dans les écrits de nature privée, menant vers le Xe siècle à la création des hiragana, qui consistent en une simplification des sinogrammes. Pendant longtemps, il a ainsi existé plusieurs hiragana pour représenter un même son, jusqu'en 1900 lorsque 48 hiragana ont été retenus afin que chacun ne désigne qu'un seul son.

Quant aux katakana, il s'agit principalement de parties de différents kanji. Ils étaient utilisés à l'origine, vers le IXe siècle, comme symboles servant à faciliter la lecture du chinois littéraire.

Parmi ces trois types de caractères, cet ouvrage s'intéresse aux hiragana et aux katakana. Il y en a respectivement 46 et chacun d'entre eux représente une syllabe unique.

# Astuces d'écriture

Il existe cinq points essentiels pour écrire les hiragana et les katakana d'une belle manière.

1. Écrivez un caractère en imaginant un cadre carré. Tracez-le de façon qu'il soit suffisamment grand et occupe bien son cadre.

2. Les hiragana s'écrivent en arrondissant bien les traits et les plis doivent être clairement tracés. Les katakana s'écrivent avec des lignes plus droites.

3. Tracez de façon nette les arrêts, les rebonds et les balayages à la fin des traits

4. Ayez à l'esprit l'axe vertical au milieu du cadre. Du fait que les textes en hiragana étaient autrefois écrits verticalement, l'axe vertical est plus important que l'axe horizontal.

5. Lorsque vous écrivez des caractères horizontalement, veillez à aligner leur base. En outre, rapprochez les caractères étroits comme [ う ] et [ り ] du caractère qui les suit ou les précède.

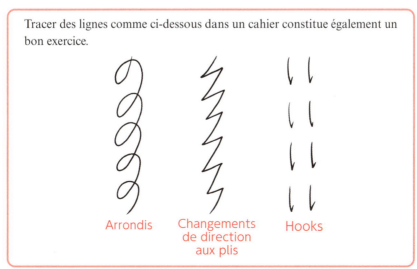

## 母音の発音

Vowel Pronunciation / 元音的发音 / Prononciation des voyelles

日本語にはa、i、u、e、oの5つの母音があります。口の開きと舌の位置を見てみましょう。

There are five vowels in Japanese: *a, i, u, e,* and *o*. Note how the mouth opens and the tongue is positioned when pronouncing these vowels.

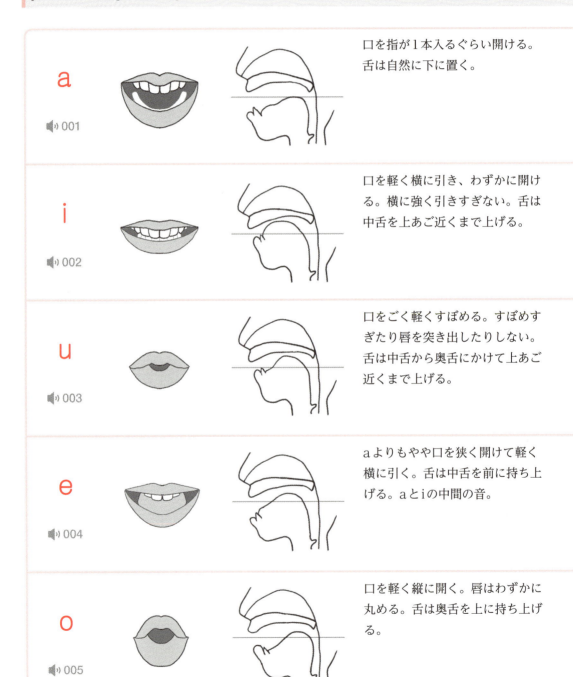

**a** 001 — 口を指が1本入るぐらい開ける。舌は自然に下に置く。

**i** 002 — 口を軽く横に引き、わずかに開ける。横に強く引きすぎない。舌は中舌を上あご近くまで上げる。

**u** 003 — 口をごく軽くすぼめる。すぼめすぎたり唇を突き出したりしない。舌は中舌から奥舌にかけて上あご近くまで上げる。

**e** 004 — aよりもやや口を狭く開けて軽く横に引く。舌は中舌を前に持ち上げる。aとiの中間の音。

**o** 005 — 口を軽く縦に開く。唇はわずかに丸める。舌は奥舌を上に持ち上げる。

日语有5个元音：a、i、u、e、o。让我们来看一下嘴的开合和舌头的位置。

Le japonais compte cinq voyelles : *a*, *i*, *u*, *e* et *o*. Observez bien l'ouverture de la bouche ainsi que la position de la langue.

---

The mouth is opened enough to insert one finger lengthwise. The tongue rests naturally at the bottom.

嘴巴张开到能放入1根手指的大小。舌头自然放在下方。

La bouche est suffisamment ouverte pour y insérer un doigt. La langue vient se placer naturellement en bas.

---

The mouth is slightly open, with the corners gently extended. The tongue is positioned at central depth and near the roof of the mouth.

嘴轻轻横向延伸，微微张开。不要用力延伸。将舌头中间抬高到上颚附近。

Étirez légèrement la bouche en l'ouvrant juste un peu. Évitez de trop l'étirer. Le milieu de langue monte jusque vers le palais.

---

The lips are slightly pursed. Avoid pursing them too much or sticking them out. The tongue is between the center and the back of the mouth, with the tip near the roof.

非常轻地缩拢嘴巴。不要过度缩拢或突出嘴唇。舌头中间到舌头后部抬高到上颚附近。

Arrondissez très légèrement la bouche. Veillez à ne pas trop l'arrondir en faisant saillir les lèvres. La partie de la langue entre le milieu et l'arrière monte jusque vers la mâchoire supérieure.

---

The corners of the mouth are gently extended like when pronouncing *a*, but with a smaller opening. The tongue is raised and placed forward of the center. The pronunciation is halfway between *a* and *i*.

张嘴时比a略窄，轻轻横向延伸。舌头中间向前抬高。发音介于a和i之间。

Ouvrez la bouche de façon un peu plus étroite que pour la syllabe « a » et étirez-la légèrement. Le milieu de la langue se porte vers le devant. La prononciation se situe entre celles du « a » et du « i ».

---

The lips are slightly rounded, forming a small vertical oval. The tongue is raised and placed toward the back.

嘴巴轻轻竖向张开。嘴唇微微呈圆形。舌头后部向上抬高。

Ouvrez un peu la bouche verticalement. Arrondissez très légèrement les lèvres. L'arrière de la langue remonte.

50 Kana Syllabary Chart / 50 音図 / Tableau phonétique des 50 sons

## HIRAGANA

|   | a | i | u | e | o | n |
|---|---|---|---|---|---|---|
|   | あ | い | う | え | お |   |
| k | か | き | く | け | こ |   |
| s | さ | し(shi) | す | せ | そ |   |
| t | た | ち(chi) | つ(tsu) | て | と |   |
| n | な | に | ぬ | ね | の |   |
| h | は | ひ | ふ(fu) | へ | ほ |   |
| m | ま | み | む | め | も |   |
| y | や |   | ゆ |   | よ |   |
| r | ら | り | る | れ | ろ |   |
| w | わ |   |   |   | を | ん |

|   | a | i | u | e | o |
|---|---|---|---|---|---|
| g | が | ぎ | ぐ | げ | ご |
| z | ざ | じ(ji) | ず | ぜ | ぞ |
| d | だ | ぢ(ji) | づ(zu) | で | ど |
| b | ば | び | ぶ | べ | ぼ |
| p | ぱ | ぴ | ぷ | ぺ | ぽ |

|   | a | u | o |
|---|---|---|---|
| ky | きゃ | きゅ | きょ |
| sh | しゃ | しゅ | しょ |
| ch | ちゃ | ちゅ | ちょ |
| ny | にゃ | にゅ | にょ |
| hy | ひゃ | ひゅ | ひょ |
| my | みゃ | みゅ | みょ |
| ry | りゃ | りゅ | りょ |

|   | a | u | o |
|---|---|---|---|
| gy | ぎゃ | ぎゅ | ぎょ |
| j | じゃ | じゅ | じょ |
| by | びゃ | びゅ | びょ |
| py | ぴゃ | ぴゅ | ぴょ |

## KATAKANA

|   | a | i | u | e | o | n |
|---|---|---|---|---|---|---|
|   | ア | イ | ウ | エ | オ |   |
| k | カ | キ | ク | ケ | コ |   |
| s | サ | シ (shi) | ス | セ | ソ |   |
| t | タ | チ (chi) | ツ (tsu) | テ | ト |   |
| n | ナ | ニ | ヌ | ネ | ノ |   |
| h | ハ | ヒ | フ (fu) | ヘ | ホ |   |
| m | マ | ミ | ム | メ | モ |   |
| y | ヤ |   | ユ |   | ヨ |   |
| r | ラ | リ | ル | レ | ロ |   |
| w | ワ |   |   |   | ヲ | ン |

|   | a | i | u | e | o |
|---|---|---|---|---|---|
| g | ガ | ギ | グ | ゲ | ゴ |
| z | ザ | ジ (ji) | ズ | ゼ | ゾ |
| d | ダ | ヂ (ji) | ヅ (zu) | デ | ド |
| b | バ | ビ | ブ | ベ | ボ |
| p | パ | ピ | プ | ペ | ポ |

|   | a | u | o |
|---|---|---|---|
| ky | キャ | キュ | キョ |
| sh | シャ | シュ | ショ |
| ch | チャ | チュ | チョ |
| ny | ニャ | ニュ | ニョ |
| hy | ヒャ | ヒュ | ヒョ |
| my | ミャ | ミュ | ミョ |
| ry | リャ | リュ | リョ |

|   | a | u | o |
|---|---|---|---|
| gy | ギャ | ギュ | ギョ |
| j | ジャ | ジュ | ジョ |
| by | ビャ | ビュ | ビョ |
| py | ピャ | ピュ | ピョ |

# ひらがな

## HIRAGANA

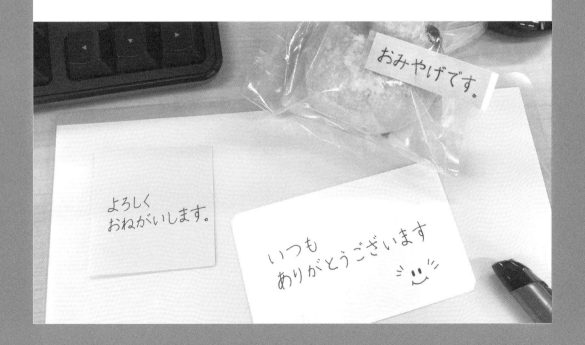

🔊 006

あ あ あ
あ あ あ

▶ あ い う え お
　 a i u e o

# あ

a

| - | a |
|---|---|
| k | |
| s | i |
| t | |
| n | u |
| h | |
| m | e |
| y | |
| r | o |
| w | |

× 

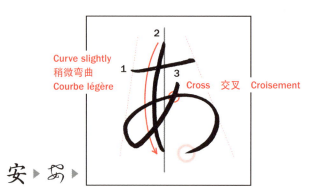

Curve slightly / 稍微弯曲 / Courbe légère
Cross / 交叉 / Croisement

安 ▶ あ ▶

**NG**　あ

3 does not pierce its own intersection, and ends too short.
3 没有交叉出头。3 的结尾太短。
3 ne se croise pas. La fin de 3 est trop courte.

🔊 007

| | し | | | り | |
|---|---|---|---|---|---|
| | | foot 脚 pied | | | ant 蚂蚁 fourmi |
| a | shi | | a | ri | |

✓ あし　あり

28

008

| いいい |
| いいい |

あいうえお
a i u e o

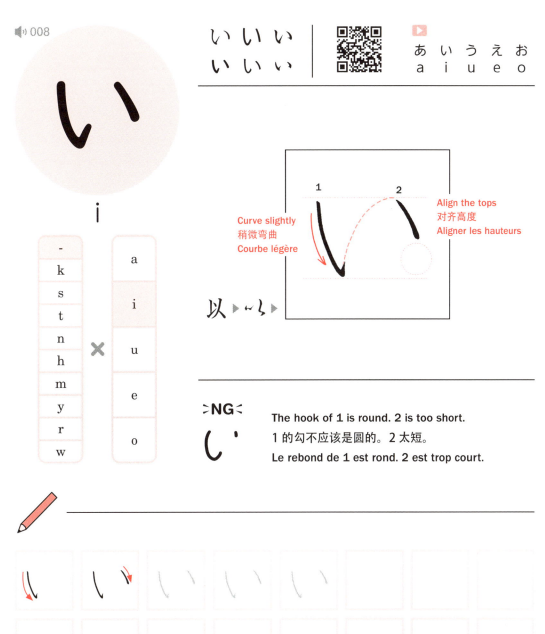

**Curve slightly** 稍微弯曲 Courbe légère

**Align the tops** 对齐高度 Aligner les hauteurs

>NG<

The hook of 1 is round. 2 is too short.
1 的勾不应该是圆的。2 太短。
Le rebond de 1 est rond. 2 est trop court.

009

good 好 bien

love 爱 amour

いい あい

🔊 010

う う う
う う う

あ い う え お
a i u e o

u

| - | a |
| k | i |
| s | **u** |
| t | e |
| n | o |
| h | |
| m | |
| y | |
| r | |
| w | |

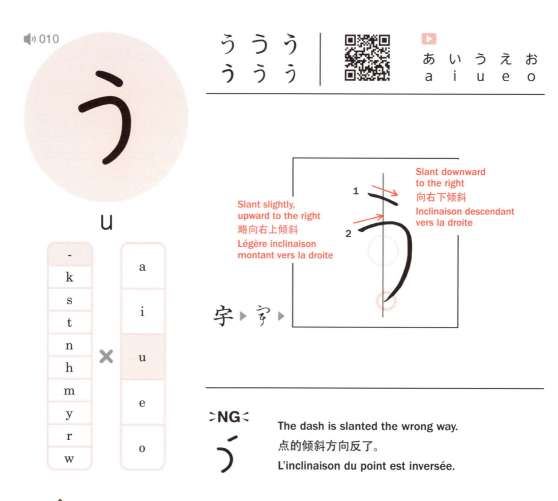

**NG** The dash is slanted the wrong way.
点的倾斜方向反了。
L'inclinaison du point est inversée.

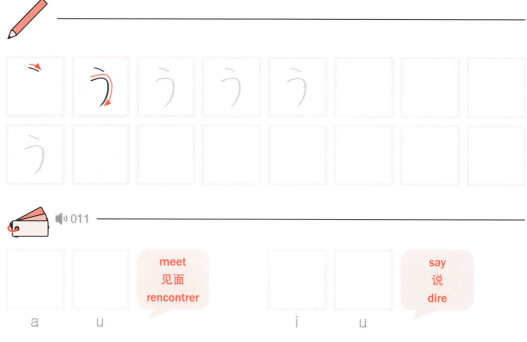

🔊 011

meet
见面
rencontrer

say
说
dire

a u　　　　　　i u

✓ あう　いう

30

📢 012

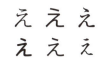    ▶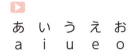

e

| - | a |
|---|---|
| k | i |
| s |   |
| t | u |
| n |   |
| h | e |
| m |   |
| y | o |
| r |   |
| w |   |

× 

**POINT** Create a triangular profile
三角形轮廓
Cadre triangulaire

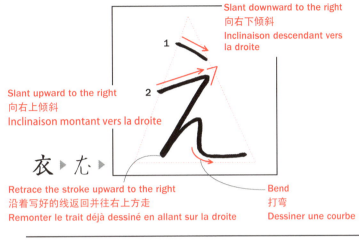

衣 ▶  ▶

**Slant upward to the right**
向右上倾斜
Inclinaison montant vers la droite

**Slant downward to the right**
向右下倾斜
Inclinaison descendant vers la droite

**Retrace the stroke upward to the right**
沿着写好的线返回并往右上方走
Remonter le trait déjà dessiné en allant sur la droite

**Bend**
打弯
Dessiner une courbe

>NG<
え

The lower left corner is not sharply angled.
左下的角没有并拢。
L'angle inférieur de gauche ne forme pas un pli.

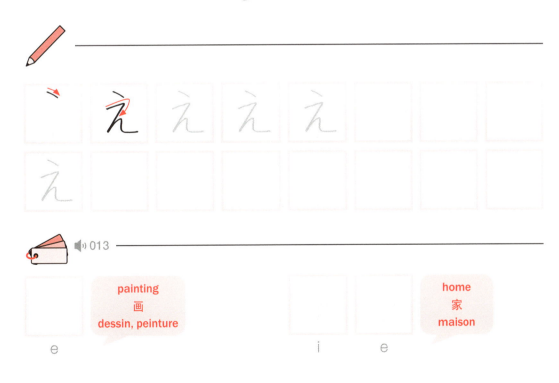

📢 013

| painting | | home |
|---|---|---|
| 画 | | 家 |
| dessin, peinture | | maison |
| e | i e | |

✓ え いえ

31

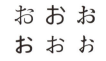

あ い う え お
a i u e o

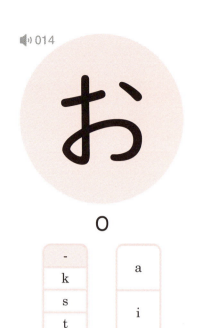

o

| - | a |
|---|---|
| k | i |
| s | u |
| t | e |
| n | o |
| h | |
| m | |
| y | |
| r | |
| w | |

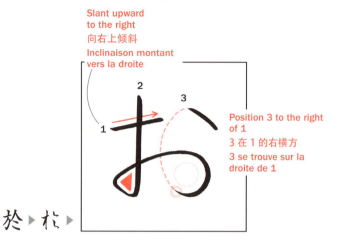

Slant upward to the right
向右上倾斜
Inclinaison montant vers la droite

Position 3 to the right of 1
3 在 1 的右横方
3 se trouve sur la droite de 1

於 ▶ 扵 ▶

> NG <
お

The bottom is not aligned.
底部没有齐平。
La partie du bas n'est pas alignée.

| o | to | sound (物的)声音 son | | a | o | blue 蓝 bleu |

✔ おと あお

🔊 016

ka

かかか
かかか

▶ かきくけこ
　ka ki ku ke ko

| - | a |
|---|---|
| k | i |
| s | u |
| t | e |
| n | o |
| h |   |
| m |   |
| y |   |
| r |   |
| w |   |

× 

加 ▶ か ▶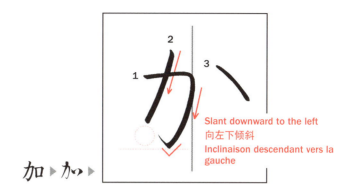

Slant downward to the left
向左下倾斜
Inclinaison descendant vers la gauche

>NG<

The middle space is too wide. 3 is too short and too far away.

中间的空间太大。3 距离太远，太短。

L'espace au centre est trop grand. 3 est trop éloigné et trop court.

🔊 017

| ka | o | face 脸 visage |  | a | ka | red 红 rouge |

✔ かお　あか

33

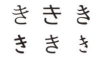

かきくけこ
ka ki ku ke ko

ki

| - |   | a |
|---|---|---|
| k |   | i |
| s | × | u |
| t |   | e |
| n |   | o |
| h |   |   |
| m |   |   |
| y |   |   |
| r |   |   |
| w |   |   |

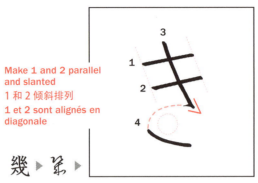

Make 1 and 2 parallel and slanted
1 和 2 倾斜排列
1 et 2 sont alignés en diagonale

幾 ▶ 茎 ▶

>NG<

3 is vertical. 3 and 4 are connected.
3 不应该垂直。3 和 4 连在了一起。
3 est vertical. 3 et 4 sont reliés.

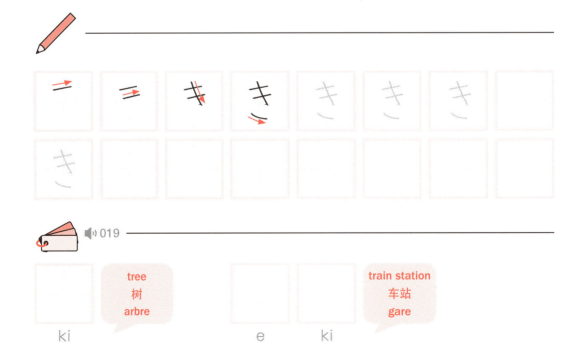

019

ki — tree / 树 / arbre

e

ki — train station / 车站 / gare

✓ き えき

34

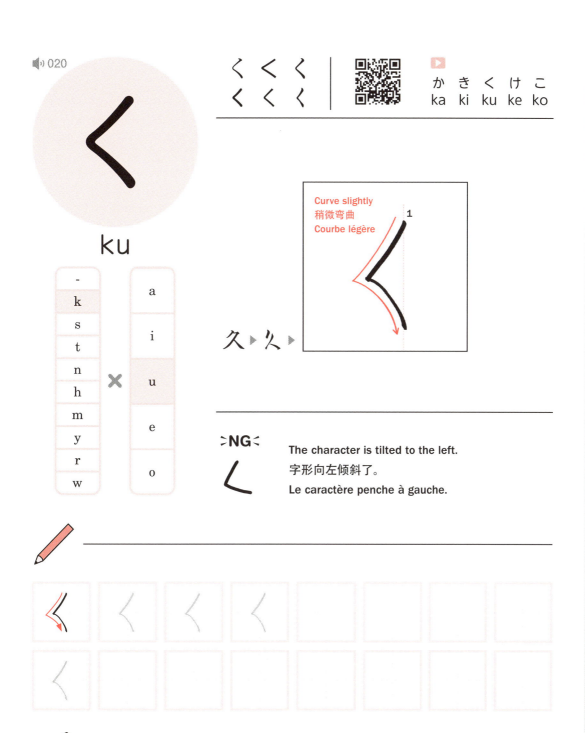

🔊 022

ke

けけけ
けけけ

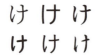

か き く け こ
ka ki ku ke ko

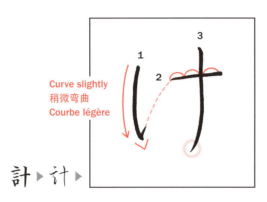

計 ▶ 計 ▶

| - | a |
|---|---|
| k | |
| s | i |
| t | |
| n | u |
| h | |
| m | e |
| y | |
| r | o |
| w | |

>NG<
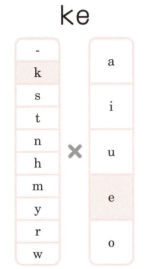

The hook of 1 is round.
1 的勾不应该是圆的。
Le rebond de 1 est rond.

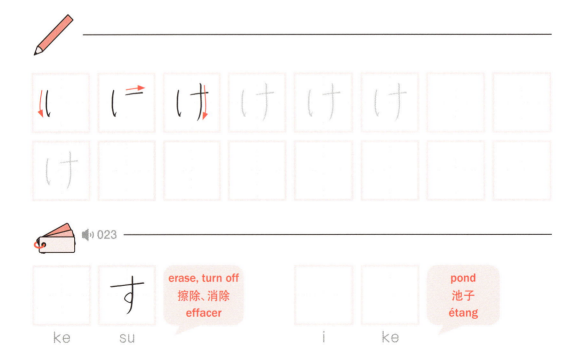

🔊 023

| ke | su | | i | ke | |
|----|----|---|---|----|---|

す — erase, turn off / 擦除、消除 / effacer

池 — pond / 池子 / étang

✓ けす いけ

36

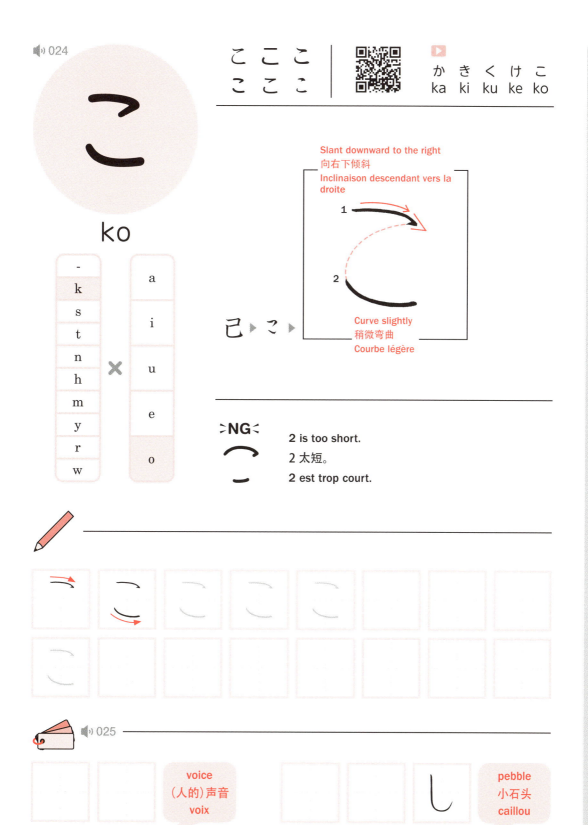

**Practice**    🔊 026     あ ▶ こ  Flashcard Video

1. かい — shellfish, seashell / 貝 / coquillage
   ka i

2. いく — go / 去 / aller
   i ku

3. けさ — this morning / 今早 / ce matin      さ    さ
   ke sa

4. けしき — scenery / 景色 / paysage      し    し
   ke shi ki

5. こめ — rice / 米 / riz      め    め
   ko me

6. こねこ — kitten / 小猫 / chaton      ね    ね
   ko ne ko

---

7.                    autumn / 秋天 / automne
   a    ki

8.                    top, above / 上 / sur
   u    e

9.                    buy / 买 / acheter
   ka   u

10.                   machine / 机械 / machine
    ki   ka   i

7. あき  8. うえ  9. かう  10. きかい

38

🔊 027

sa

さささ
さささ

さ し す せ そ
sa shi su se so

**POINT** Create an upside-down triangular profile
倒三角形轮廓
Cadre triangulaire inversé

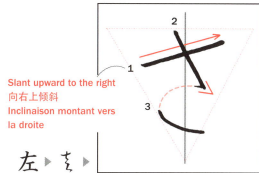

Slant upward to the right
向右上倾斜
Inclinaison montant vers la droite

左 ▶ さ ▶

| - |
|---|
| k |
| s |
| t |
| n |
| h |
| m |
| y |
| r |
| w |

× 

| a |
|---|
| i |
| u |
| e |
| o |

**NG**
さ

2 is vertical. 3 is directly below 2.
2 不应该垂直。3 不应该在 2 的正下方。
2 est vertical. 3 se trouve directement sous 2.

🔊 028

sa　ke　alcohol 酒 alcool　　　ka　sa　umbrella 伞 parapluie

✓ さけ かさ

39

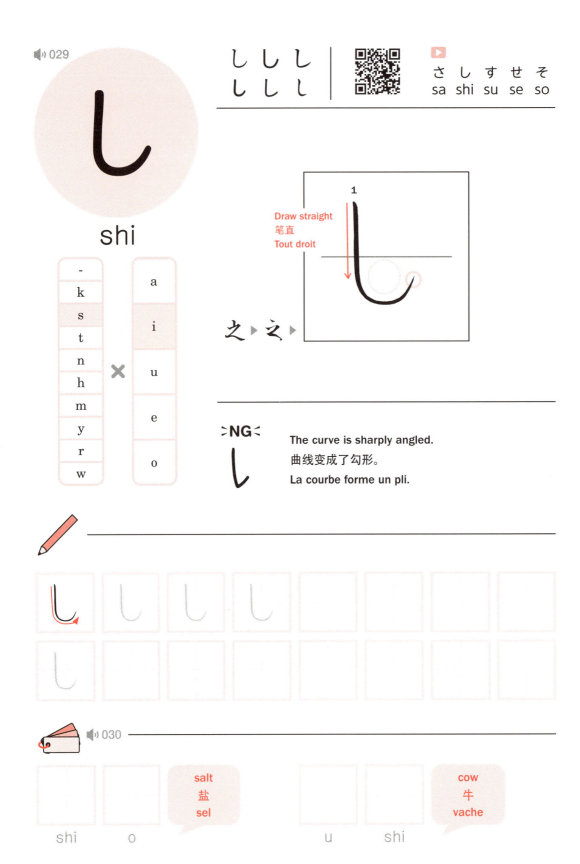

す す す
す す す

さ し す せ そ
sa shi su se so

**su**

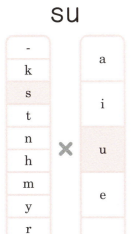

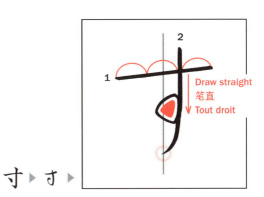

>NG<
す

The tail is in the wrong direction.
撇的方向反了。
Le balayage final est orienté à l'envers.

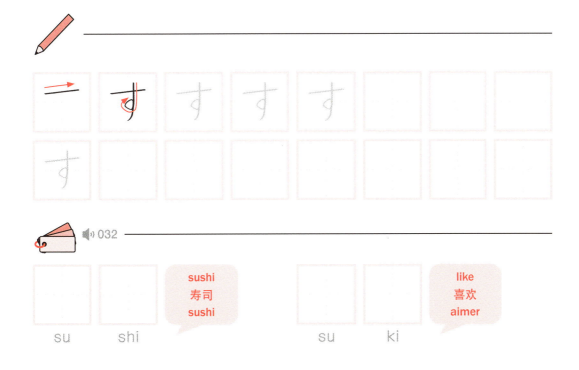

| su | shi | sushi 寿司 sushi | | su | ki | like 喜欢 aimer |

✓ すし すき

41

◀ 033

せ せ せ
せ せ せ

さ し す せ そ
sa shi su se so

# せ

se

| - | a |
|---|---|
| k | |
| s | i |
| t | |
| n | u |
| h | |
| m | e |
| y | |
| r | o |
| w | |

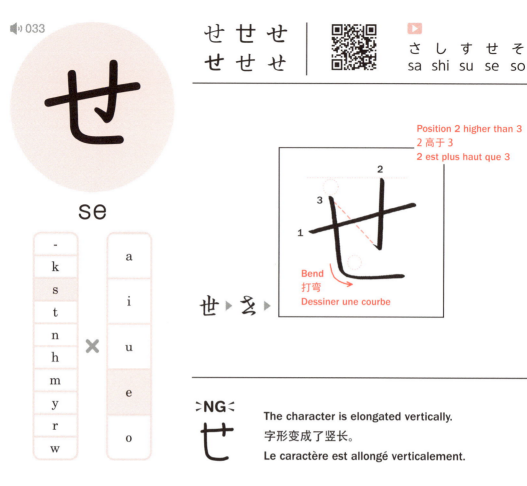

Position 2 higher than 3
2 高于 3
2 est plus haut que 3

Bend
打弯
Dessiner une courbe

>NG<
せ

The character is elongated vertically.
字形变成了竖长。
Le caractère est allongé verticalement.

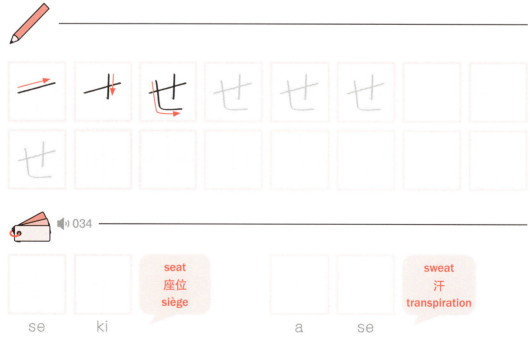

◀ 034

seat
座位
siège

sweat
汗
transpiration

se    ki         a    se

✔ せき  あせ

42

035

## SO

| - k **s** t n h m y r w | × | a i u e **o** |

そそそ
そそそ

さしすせそ
sa shi su se so

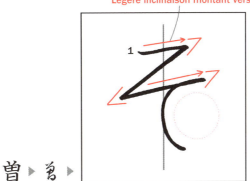

Slant slightly, upward to the right
向右上倾斜
Légère inclinaison montant vers la droite

曽 ▶ 岺 ▶

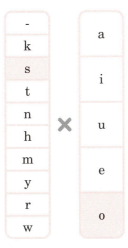

>NG<

The vertical axis is off-center.
竖向的中心偏移了。
Le centre n'est pas dans l'axe vertical.

036

so  to

outside
外面
extérieur

u  so

lie
谎言
mensonge

✓ そと　うそ

43

037

たたた
たたた

た ち つ て と
ta chi tsu te to

ta

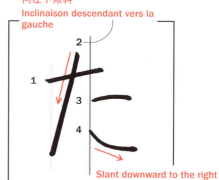

太 ▶ た ▶

| - | a |
|---|---|
| k | |
| s | i |
| t | |
| n | u |
| h | |
| m | e |
| y | |
| r | o |
| w | |

× 

>NG<

The left and right halves are too far apart. 3 is too high.

左右部分距离太远。3 的位置太高。

La gauche et la droite du caractère sont trop éloignées l'une de l'autre. 3 est situé trop haut.

038

octopus
章鱼
pieuvre

ta　ko

song
歌
chanson

u　ta

✓ たこ　うた

44

🔊 039

ち ち ち
ち ち ち

た ち つ て と
ta chi tsu te to

# ち
## chi

|   |   |   |
|---|---|---|
| - | × | a |
| k |   | i |
| s |   | u |
| t |   | e |
| n |   | o |
| h |   |   |
| m |   |   |
| y |   |   |
| r |   |   |
| w |   |   |

Slant upward to the right
向右上倾斜
Inclinaison montant vers la droite

Slant downward to the left
向左下倾斜
Inclinaison descendant vers la gauche

知 ▶ ち ▶

>NG<
ち

2 descends vertically.
2 不应该垂直向下。
2 descend verticalement.

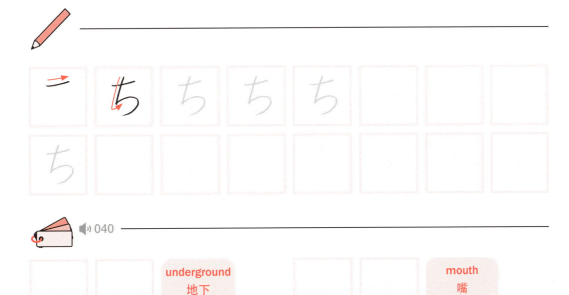

🔊 040

| chi | ka | underground 地下 souterrain | ku | chi | mouth 嘴 bouche |

✓ ちか くち

45

あいうえお かきくけこ さしすせそ たちつてと なにぬねの はひふへほ まみむめも やゆよ らりるれろ わをん 、。っゃ

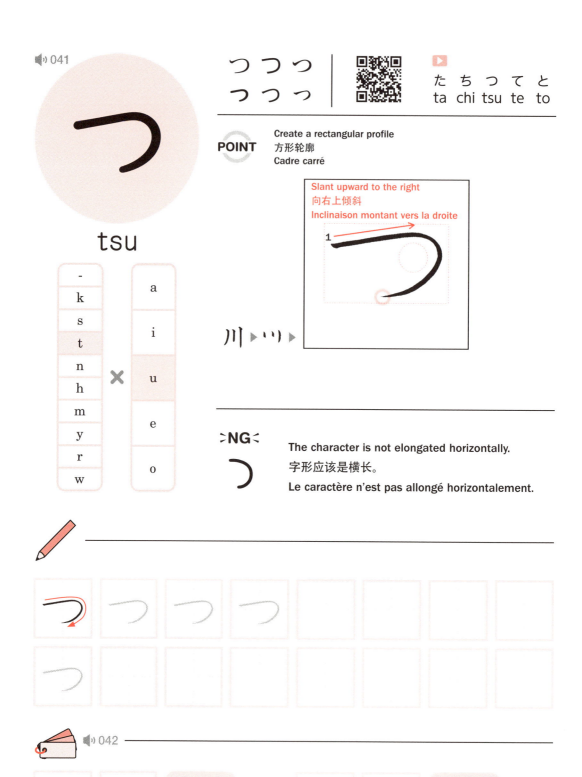

| | month 月、月亮 mois, lune | | shoe 鞋 chaussure |
|---|---|---|---|
| tsu  ki | | ku  tsu | |

46

て て て
て て て

た ち つ て と
ta chi tsu te to

te

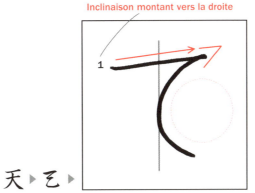

Slant upward to the right
向右上傾斜
Inclinaison montant vers la droite

天 ▶ 乙 ▶

>NG<

The corner and the curve are too open.
横折的角度太大、弧度太小。
L'angle du pli et la courbe ne sont pas assez marqués.

044

| te | hand 手 main | | | te | tsu | iron, steel 铁 fer |

✓ て つ

47

🔊 045

と と と
と と と

たちってと
ta chi tsu te to

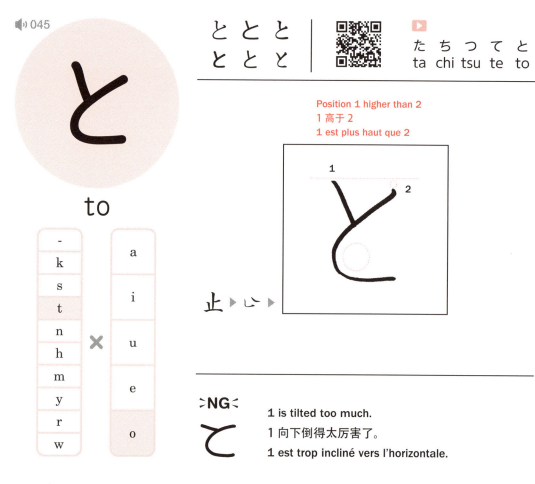

to

**Position 1 higher than 2**
1 高于 2
1 est plus haut que 2

>NG<

1 is tilted too much.
1 向下倒得太厉害了。
1 est trop incliné vers l'horizontale.

🔊 046

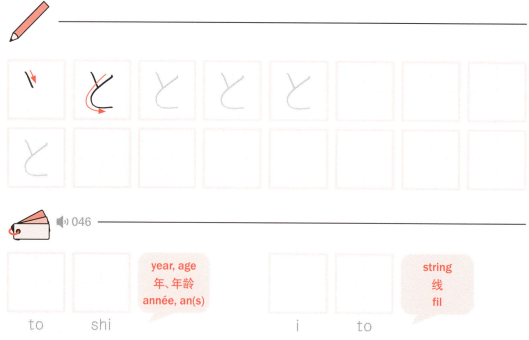

year, age
年、年龄
année, an(s)

string
线
fil

to shi    i to

✔ とし いと

48

# Practice  🔊 047

1. しか — deer / 鹿 / cerf
   shi ka

2. あさ — morning / 早上 / matin
   a sa

3. すいか — watermelon / 西瓜 / pastèque
   su i ka

4. たき — waterfall / 瀑布 / chute d'eau
   ta ki

5. つくえ — desk / 书桌 / bureau
   tsu ku e

6. きせつ — season / 季节 / saison
   ki se tsu

---

7. ___ ___ — chair / 椅子 / chaise
   i su

8. ___ ___ — north / 北 / nord
   ki ta

9. ___ ___ — inside, among / 家、里面 / sa famille, intérieur
   u chi

10. ___ ___ ___ — sweets / 糖果、点心 / confiserie
    o ka shi

7. いす   8. きた   9. うち   10. おかし

49

048

| な な な |
| な な な |

なにぬねの
na ni nu ne no

na

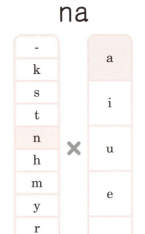

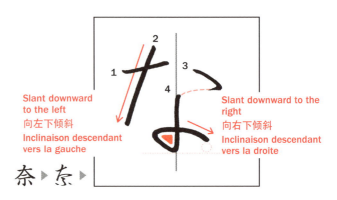

**NG** 
な

2 is too long. 3 slants the wrong way.
2 太长。3 的倾斜方向反了。
2 est trop long. L'inclinaison de 3 est inversée.

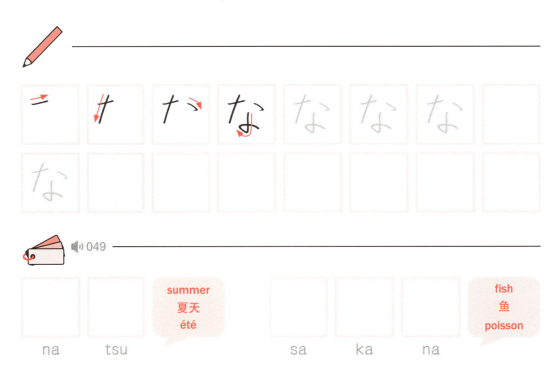

049

| na | tsu | summer 夏天 été | | sa | ka | na | fish 鱼 poisson |

✓ なつ さかな

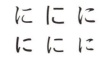

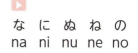

なにぬねの
na ni nu ne no

ni

| - | a |
| k | i |
| s | u |
| t | e |
| n | o |
| h | |
| m | |
| y | |
| r | |
| w | |

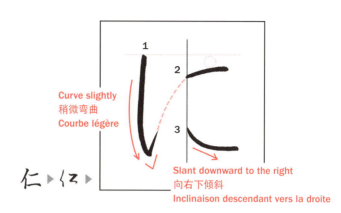

Curve slightly
稍微弯曲
Courbe légère

Slant downward to the right
向右下倾斜
Inclinaison descendant vers la droite

>NG<

The hook of 1 is round. 2 and 3 are too close.
1 的勾不应该是圆的。2 和 3 之间的空间太窄。
Le rebond de 1 est rond. L'écartement entre 2 et 3 est trop faible.

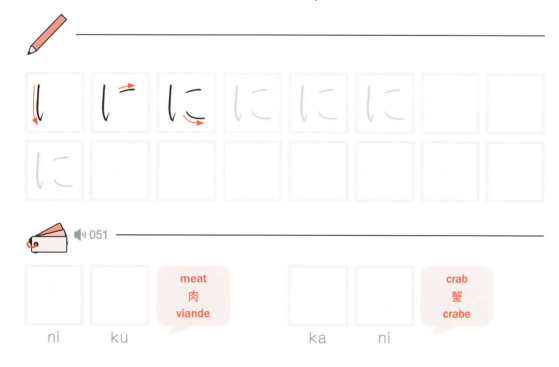

051

meat
肉
viande

crab
蟹
crabe

ni　ku　　　　　　　　ka　ni

✓ にく　かに

51

なにぬねの
na ni nu ne no

nu

| - | | a |
| k | | i |
| s | | |
| t | × | u |
| n | | |
| h | | e |
| m | | |
| y | | o |
| r | | |
| w | | |

**POINT** Create a circular profile
圆形轮廓
Cadre rond

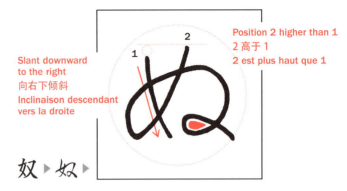

Position 2 higher than 1
2 高于 1
2 est plus haut que 1

Slant downward to the right
向右下倾斜
Inclinaison descendant vers la droite

>NG<

The curve of 2 is flattened.
2 的曲线不圆。
La courbe de 2 est difforme.

053

| nu | no | cloth 布 tissu | | i | nu | dog 狗 chien |

✓ ぬの いぬ

🔊 054

ね ね ね
ね ね ね

な に ぬ ね の
na ni nu ne no

# ね

ne

| - |
|---|
| k |
| s |
| t |
| **n** |
| h |
| m |
| y |
| r |
| w |

×

| a |
|---|
| i |
| u |
| **e** |
| o |

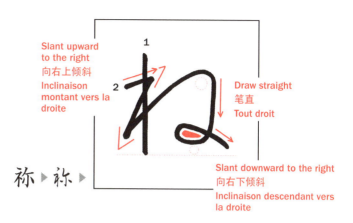

Slant upward to the right
向右上傾斜
Inclinaison montant vers la droite

Draw straight
笔直
Tout droit

Slant downward to the right
向右下傾斜
Inclinaison descendant vers la droite

祢 ▶ 祢 ▶

>NG<  The right half of 2 is too low.
2 的右半边太低。
La moitié droite de 2 est trop basse.

🔊 055

cat
猫
chat

money
钱
argent

ne　ko　　　　o　ka　ne

✓ ねこ　おかね

53

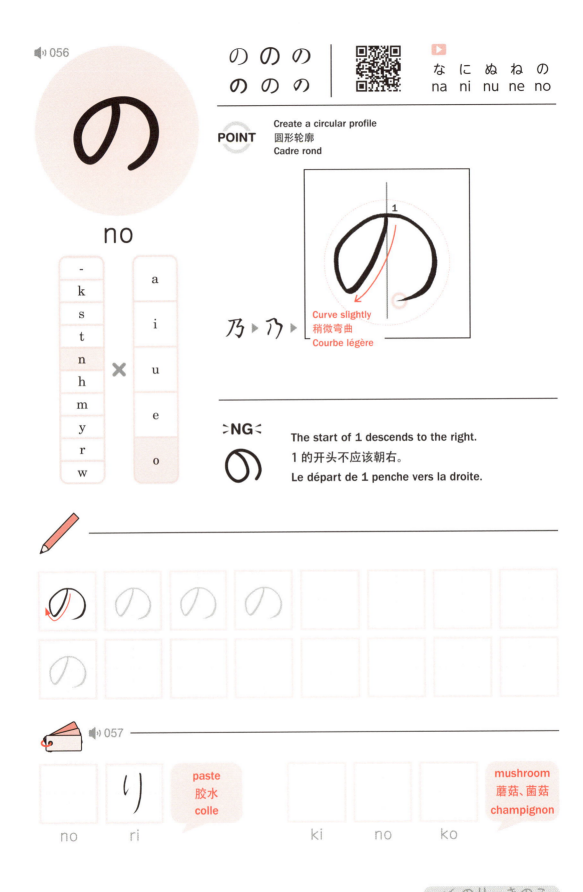

058

は は は
は は は

は ひ ふ へ ほ
ha hi fu he ho

は
ha

| - | |
|---|---|
| k | a |
| s | i |
| t | u |
| n | e |
| **h** × | o |
| m | |
| y | |
| r | |
| w | |

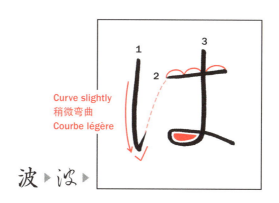

Curve slightly
稍微弯曲
Courbe légère

波 ▶ 没 ▶

>NG<
は

The hook of 1 is round. The end of 3 trails upward.
1 的勾不应该是圆的。3 的结尾不应该向上。
Le rebond de 1 est rond. La fin de 3 s'échappe vers le haut.

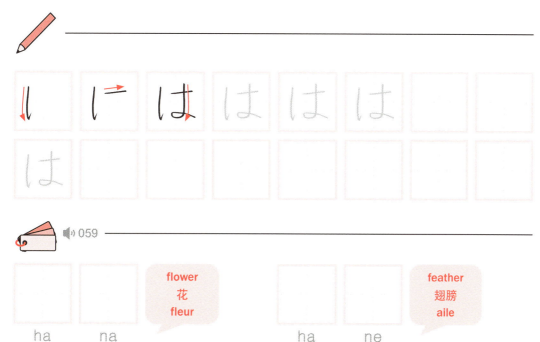

059

| | | flower 花 fleur | | | feather 翅膀 aile |
|---|---|---|---|---|---|
| ha | na | | ha | ne | |

✓ はな　はね

55

🔊 060

ひ ひ ひ
ひ ひ ひ

は ひ ふ へ ほ
ha hi fu he ho

hi

| - | a |
|---|---|
| k | i |
| s | u |
| t | e |
| n | o |
| **h** | |
| m | |
| y | |
| r | |
| w | |

× 

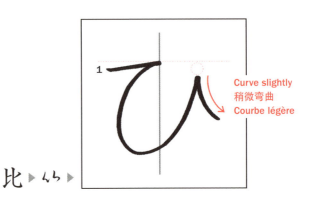

Curve slightly
稍微弯曲
Courbe légère

比 ▶ ひ ▶

---

 NG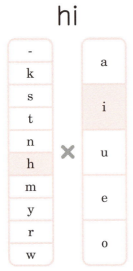

The character is not leaning to the right. The bottom curve is sharply angled.

没有向右倾斜。底部的曲线变成了勾形。

Le caractère n'est pas incliné vers la droite. La courbe du bas forme un pli.

---

🔊 061

fire
火
feu

hi

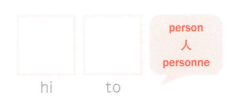

person
人
personne

hi    to

✓ ひ  ひと

56

🔊 062

ふ ふ ふ
ふ ふ ふ

は ひ ふ へ ほ
ha hi fu he ho

fu

| - | a |
|---|---|
| k | i |
| s | u |
| t | e |
| n | o |
| h × |  |
| m |  |
| y |  |
| r |  |
| w |  |

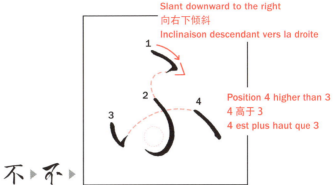

Slant downward to the right
向右下傾斜
Inclinaison descendant vers la droite

Position 4 higher than 3
4 高于 3
4 est plus haut que 3

不 ▸ 不 ▸

>NG<  ら

The shape of 2 is wrong. 3 and 4 are too short.
2 的形狀不對。3 和 4 太短。
La forme de 2 est fausse. 3 et 4 sont trop courts.

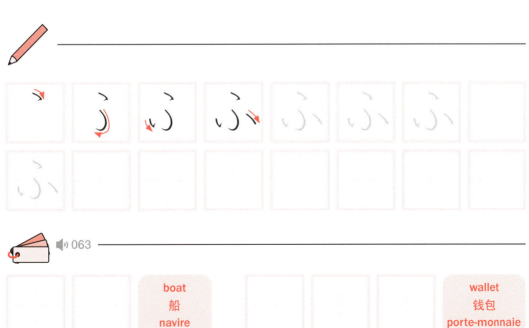

🔊 063

| | | boat 船 navire | | | wallet 钱包 porte-monnaie |
|---|---|---|---|---|---|
| fu | ne | | sa | i | fu |

✓ ふね　さいふ

57

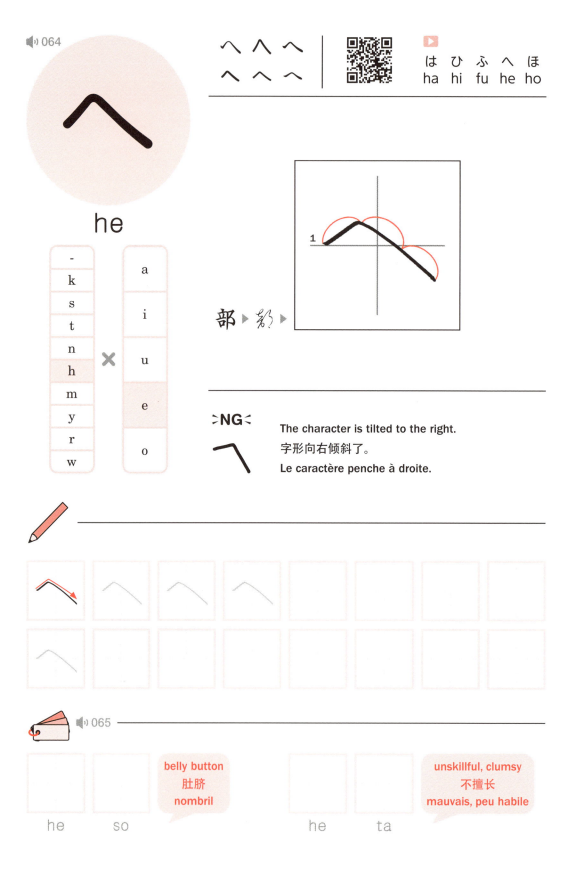

066

ほほほ
ほほほ

は ひ ふ へ ほ
ha hi fu he ho

ho

| - | a |
|---|---|
| k | i |
| s | u |
| t | e |
| n | o |
| **h** | |
| m | |
| y | |
| r | |
| w | |

× 

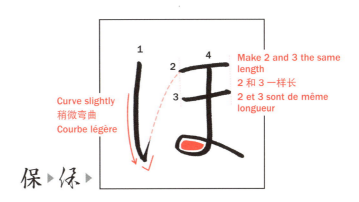

Make 2 and 3 the same length
2 和 3 一样长
2 et 3 sont de même longueur

Curve slightly
稍微弯曲
Courbe légère

保 ▶ 係 ▶

>NG<

ほ

The hook of 1 is round. 4 is sticking out of the top.
1 的勾不应该是圆的。4 出头了。
Le rebond de 1 est rond. 4 ressort en haut.

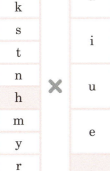

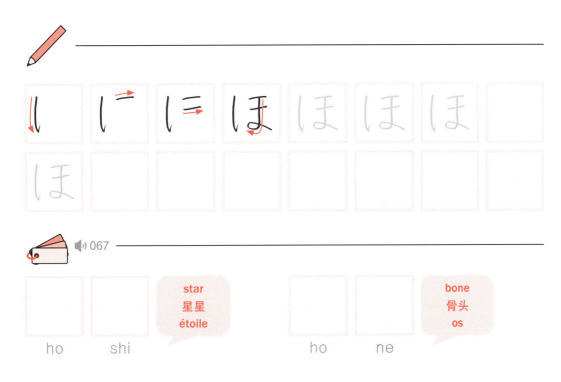

067

star
星星
étoile

ho   shi

bone
骨头
os

ho   ne

✓ ほし　ほね

59

# Practice   🔊 069

1. すな — sand / 沙子 / sable
   su na
2. はし — bridge / 桥 / pont
   ha shi
3. にし — west / 西 / ouest
   ni shi
4. ほたる — firefly / 萤火虫 / luciole  る  る
   ho ta ru
5. へや — room / 房间 / salle, chambre  や  や
   he ya
6. ひかり — light / 光 / lumière  り  り
   hi ka ri

7. ___ ___ — country / 国家 / pays
   ku ni
8. ___ ___ ___ — fox / 狐狸 / renard
   ki tsu ne
9. ___ ___ — clothes / 衣服 / vêtement
   fu ku
10. ___ ___ ___ — speak / 说 / parler
    ha na su

**7.** くに  **8.** きつね  **9.** ふく  **10.** はなす

069

ma

| - | a |
|---|---|
| k | i |
| s | u |
| t | e |
| n | o |
| h | |
| m | |
| y | |
| r | |
| w | |

× 

まままま
まままま

まみむめも
ma mi mu me mo

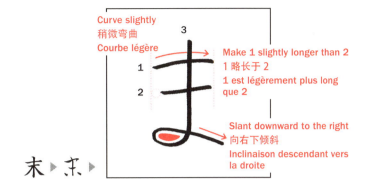

Curve slightly
稍微弯曲
Courbe légère

Make 1 slightly longer than 2
1 略长于 2
1 est légèrement plus long que 2

Slant downward to the right
向右下倾斜
Inclinaison descendant vers la droite

>NG<
ま

The end of 3 trails upward.
3 的结尾不应该向上。
La fin de 3 s'échappe vers le haut.

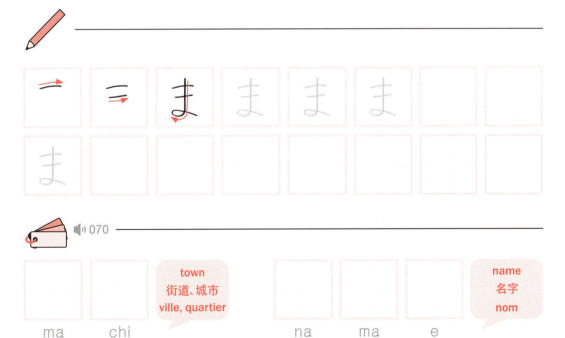

070

| | | town 街道、城市 ville, quartier | | | name 名字 nom |
|---|---|---|---|---|---|
| ma | chi | | na | ma | e |

✓ まち なまえ

61

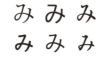 

まみむめも
ma mi mu me mo

mi

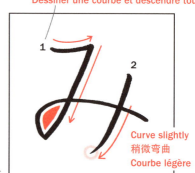

美 ▶ 关 ▶

Bend and draw straight downward
弯曲，笔直向下
Dessiner une courbe et descendre tout droit

Curve slightly
稍微弯曲
Courbe légère

**NG**
み

1 descends vertically. 2 is too long.
1 不应该垂直向下。2 太长。
1 descend verticalement. 2 est trop long.

 071

 072

shop
店
magasin

mi    se

sea
海
mer

u    mi

✓ みせ　うみ

62

🔊 073

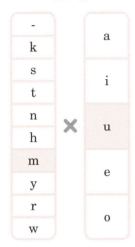

mu

| | | |
|---|---|---|
| - | | a |
| k | | i |
| s | | |
| t | × | u |
| n | | |
| h | | e |
| m | | |
| y | | o |
| r | | |
| w | | |

む む む
む む む

▶ ま み む め も
　ma mi mu me mo

**POINT** Create a square profile
方形轮廓
Cadre carré

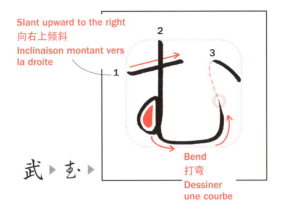

>NG<

む

The part after the loop does not descend vertically. 3 is too short.

交叉后没有笔直向下。3 太短。

Le trait ne descend pas verticalement après la boucle. 3 est trop court.

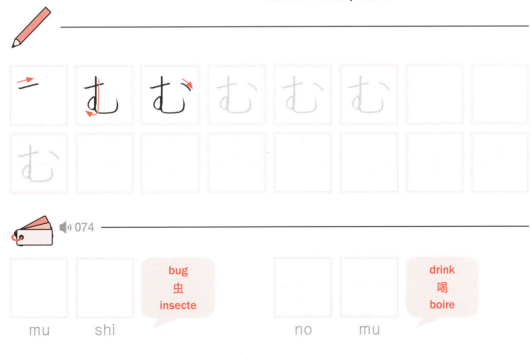

🔊 074

| mu | shi | bug<br>虫<br>insecte | | no | mu | drink<br>喝<br>boire |
|---|---|---|---|---|---|---|

✓ むし　のむ

63

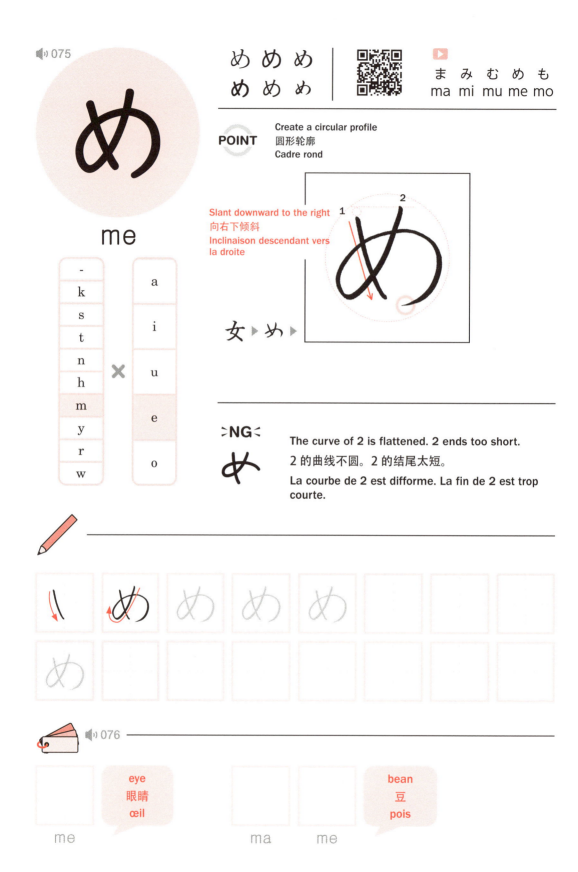

077

mo

も も も
も も も

まみむめも
ma mi mu me mo

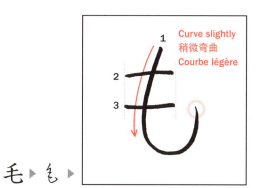

Curve slightly
稍微弯曲
Courbe légère

|   |   |   |
|---|---|---|
| - | | a |
| k | | i |
| s | × | u |
| t | | e |
| n | | o |
| h | | |
| m | | |
| y | | |
| r | | |
| w | | |

>NG<

The curve of 3 is sharply angled.
3 的曲线变成了勾形。
La courbe de 3 forme un pli.

078

| mo | mo | peach 桃 pêche | | ki | mo | no | kimono 和服 kimono |

✓ もも きもの

65

🔊 079

や ゆ よ
ya yu yo

ya

| - | a |
| k | i |
| s | |
| t | |
| n | u |
| h | |
| m | e |
| y | |
| r | o |
| w | |

× 

**POINT** Create an upside-down triangular profile
倒三角轮廓
Cadre triangulaire inversé

Slant upward to the right
向右上倾斜
Inclinaison montant vers la droite

也 ▸ や ▸

**NG**
か

2 is too far apart. 3 slants the wrong way.
2 距离太远。3 的倾斜方向反了。
2 est trop détaché. L'inclinaison de 3 est inversée.

🔊 080

| ya | ma | | mountain<br>山<br>montagne | | ya | sa | i | vegetable<br>蔬菜<br>légume |

✓ やま やさい

66

🔊 081

ゆ ゆ ゆ
ゆ ゆ ゆ

や ゆ よ
ya yu yo

yu

| - | a |
| k | i |
| s | |
| t | u |
| n | |
| h | e |
| m | |
| y | o |
| r | |
| w | |

× 

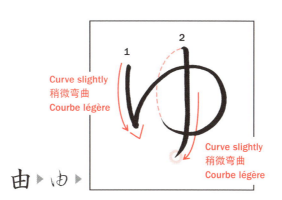

Curve slightly
稍微弯曲
Courbe légère

Curve slightly
稍微弯曲
Courbe légère

由 ▶ ゆ ▶

>NG<

1 and 2 are connected. The curve of 1 is too big.
1 和 2 不应该连笔。1 的弧度太大。
1 et 2 sont reliés. La courbe de 1 est trop grande.

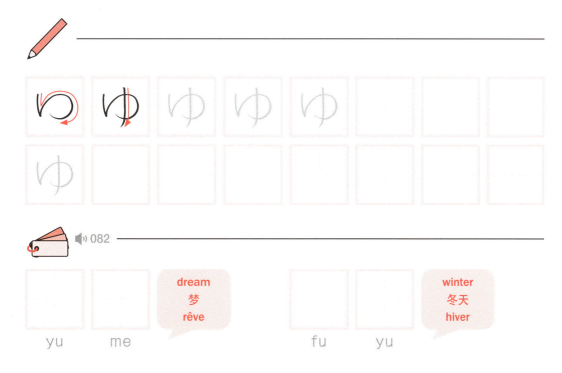

🔊 082

| yu | me | dream<br>梦<br>rêve | | | fu | yu | winter<br>冬天<br>hiver |

✓ ゆめ　ふゆ

あいうえお　かきくけこ　さしすせそ　たちつてと　なにぬねの　はひふへほ　まみむめも　や ゆ よ　らりるれろ　わをん　ー。、つや

67

083

よ

yo

| よ よ よ |
| よ よ よ |

や ゆ よ
ya yu yo

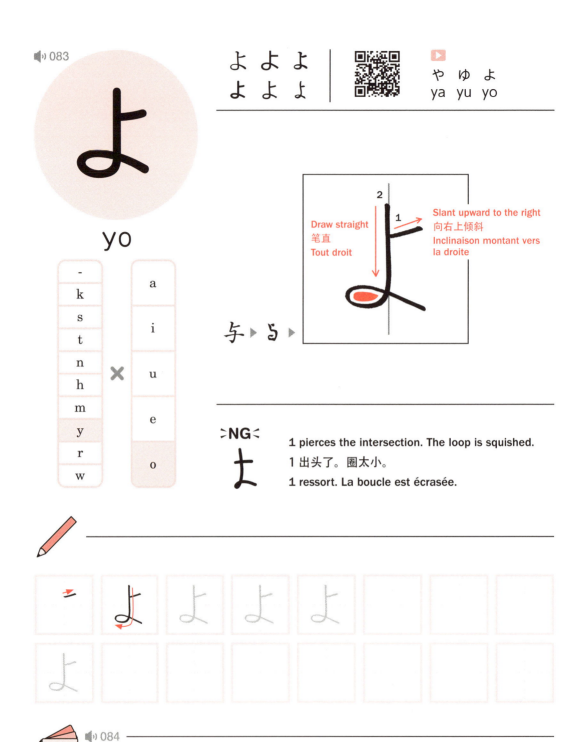

与 ▶ ら ▶

**NG**

よ

1 pierces the intersection. The loop is squished.
1 出头了。圈太小。
1 ressort. La boucle est écrasée.

084

| yo | ko | | | yo | mu | | |
| | | horizontal, side 横、旁边 côté | | | | read 读 lire | |

よこ　よむ

68

# Practice  085  Flashcard Video

1. まえ — ma e — front, before 前 devant
2. ゆき — yu ki — snow 雪 neige
3. みなと — mi na to — harbor 港 port
4. つめ — tsu me — nail, claw 指甲 ongle
5. かいもの — ka i mo no — shopping 购物 achats
6. やね — ya ne — roof 屋顶 toit
7. ___ — u ma — horse 马 cheval
8. ___ — mi chi — road, path 道路 chemin
9. ___ — o yu — hot water 热水 eau chaude
10. ___ — yo ya ku — reservation, appointment 预订 réservation

7. うま   8. みち   9. おゆ   10. よやく

69

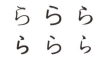

らりるれろ
ra ri ru re ro

ra

| | |
|---|---|
| - | a |
| k | i |
| s | |
| t | u |
| n | |
| h | e |
| m | |
| y | o |
| r | |
| w | |

× 

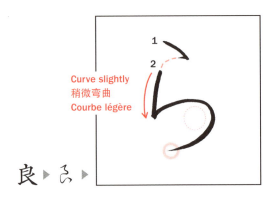

Curve slightly
稍微弯曲
Courbe légère

良 ▶ ら ▶

**NG**

1 slants the wrong way. The vertical part of 2 is too short.

1 的倾斜方向反了。2 的竖线太短。

L'inclinaison de 1 est inversée. Le trait vertical de 2 est trop court.

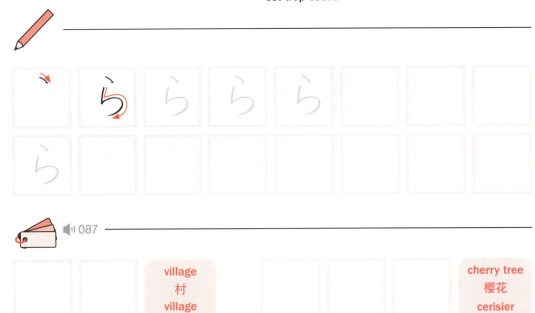

087

| mu | ra | | sa | ku | ra |
|---|---|---|---|---|---|
| | village 村 village | | | | cherry tree 櫻花 cerisier |

✓ むら さくら

70

🔊 088

ri

| | | |
|---|---|---|
| - | | a |
| k | | |
| s | | i |
| t | × | |
| n | | u |
| h | | |
| m | | e |
| y | | |
| r | | o |
| w | | |

り り り
り り り

らりるれろ
ra ri ru re ro

**POINT** Create a rectangular profile
长方形轮廓
Cadre rectangulaire

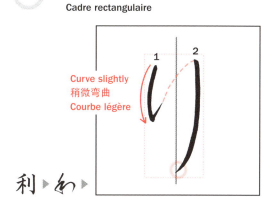

Curve slightly
稍微弯曲
Courbe légère

利 ▶ 刹 ▶

>NG<
り

1 is too long. The character is elongated vertically.
1 太长。字形应该是竖长。
1 est trop long. Le caractère n'est pas allongé verticalement.

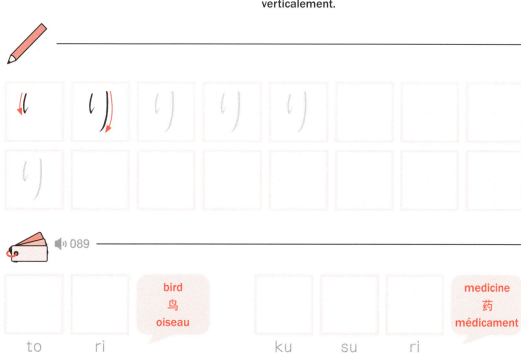

🔊 089

to    ri    **bird 鸟 oiseau**    ku    su    ri    **medicine 药 médicament**

✓ とり　くすり

71

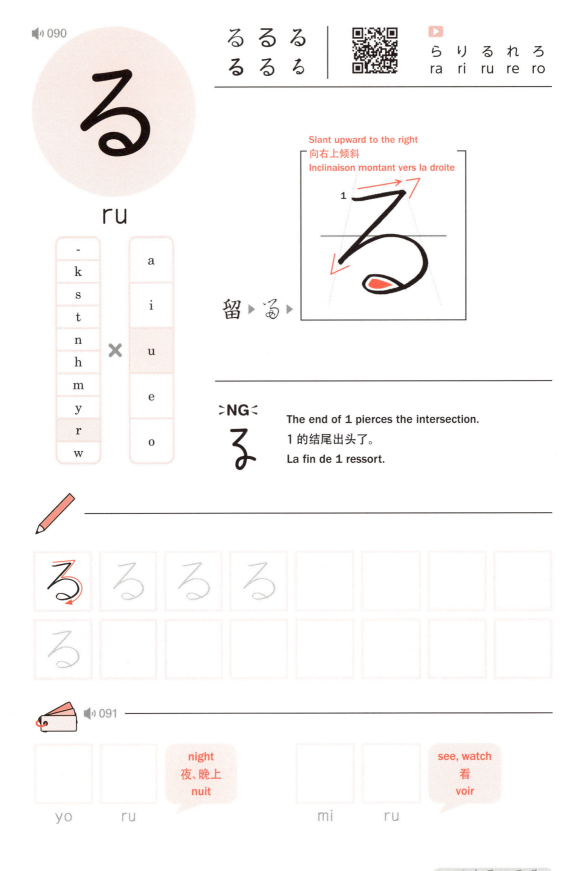

092

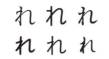

らりるれろ
ra ri ru re ro

re

| - | |
|---|---|
| k | a |
| s | i |
| t | × u |
| n | e |
| h | o |
| m | |
| y | |
| r | |
| w | |

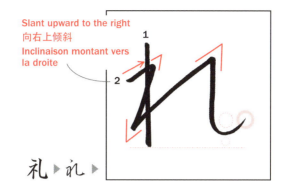

Slant upward to the right
向右上倾斜
Inclinaison montant vers la droite

礼 ▶ れ ▶

>NG<
れ

All three corners are round. The right half of 2 is too low.
三个角都不应该是圆的。2 的右半边太低。
Les trois angles sont arrondis. La moitié droite de 2 est trop basse.

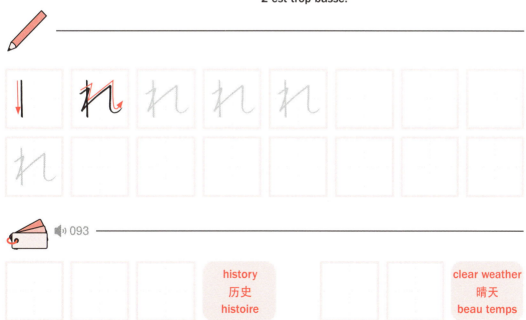 093

re     ki     shi              ha     re

history    历史    histoire

clear weather    晴天    beau temps

✓ れきし  はれ

73

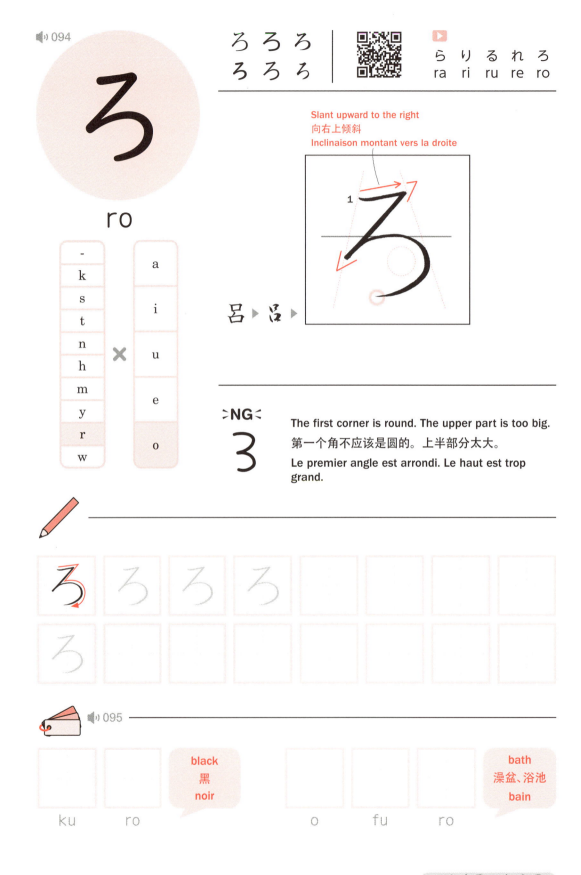

🔊 096

**wa**

わ わ わ
わ わ わ

わ を ん
wa o n

Slant upward to the right
向右上傾斜
Inclinaison montant vers la droite

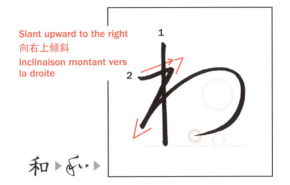

| | | a |
|---|---|---|
| - | | i |
| k | | u |
| s | × | e |
| t | | o |
| n | | |
| h | | |
| m | | |
| y | | |
| r | | |
| w | | |

>NG<

The curve is too small.
弧度太小。
La courbe est trop petite.

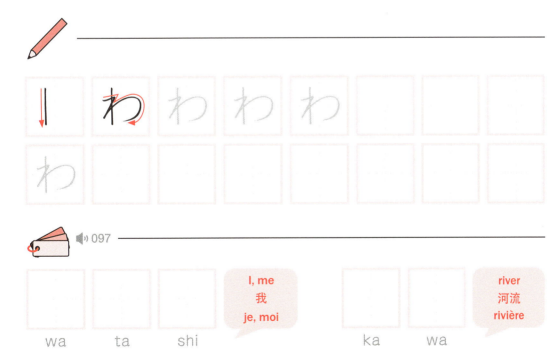

🔊 097

wa ta shi — I, me / 我 / je, moi

ka wa — river / 河流 / rivière

✓ わたし　かわ

098

をを を
をを を

わ を ん
wa o n

o

| - | a |
| k | i |
| s | u |
| t | e |
| n | o |
| h | |
| m | |
| y | |
| r | |
| w | |

× 

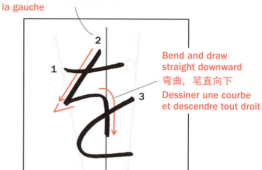

Slant downward to the left
向左下傾斜
Inclinaison descendant vers la gauche

Bend and draw straight downward
弯曲，笔直向下
Dessiner une courbe et descendre tout droit

遠 ▶ を ▶

 >NG<

The shape of 2 is wrong. The vertical axis is off-center.

2 的形状不对。竖向的中心偏移了。

La forme de 2 est fausse. Le centre n'est pas dans l'axe vertical.

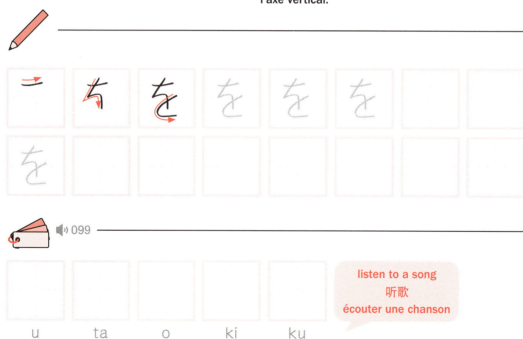

099

u　　ta　　o　　ki　　ku

listen to a song
听歌
écouter une chanson

✓うたをきく

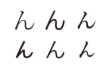

わ を ん
wa o n

ん

n

| | | |
|---|---|---|
| - | | a |
| k | | i |
| s | × | u |
| t | | e |
| n | | o |
| h | | |
| m | | |
| y | | |
| r | | |
| w | | |

**POINT** Create a triangular profile
三角形轮廓
Cadre triangulaire

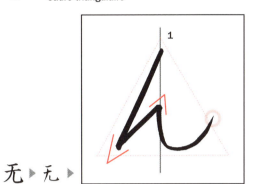

>NG< The part after the corner is stuck to the downstroke. The end is straight.
向上折回后贴得太紧。结尾不应该是直的。
Le pli de retour ne se détache pas assez. La dernière partie est une ligne droite.

| | | book 书 livre | | | | weather 天气 météo |
|---|---|---|---|---|---|---|
| ho | n | | te | n | ki | |

✓ ほん てんき

あいうえお かきくけこ さしすせそ たちつてと なにぬねの はひふへほ まみむめも やゆよ らりるれろ わ を ん ・ 、 。 っ ゃ

77

# Practice  102

1. そら — so ra — sky / 天空 / ciel
2. もり — mo ri — forest / 森林 / forêt
3. くるま — ku ru ma — car / 车 / véhicule
4. しろ — shi ro — castle / 城堡 / château
5. おんせん — o n se n — hot spring / 温泉 / source chaude
6. みかんをかう — mi ka n o ka u — buy mandarins / 买橘子 / acheter une mandarine
7. ___ o te ra — temple / 寺庙 / temple
8. ___ hi ru — noon, daytime / 白天 / midi, jour
9. ___ ni wa — garden / 庭院 / jardin
10. ___ ni ho n — Japan / 日本 / Japon

7. おてら   8. ひる   9. にわ   10. にほん

78

# 似ている文字の練習

**Practice Writing Similar Characters** / 相似文字练习 /
**Exercices avec des caractères similaires sons**

| あぬめ | いこり | うちら | かや | きさち | くへ | けはほ |
|---|---|---|---|---|---|---|
| こたに | しつも | すむ | そて | ねれわ | まよ | るろ |

いり
i　ri

めぬ
me　nu

ちら
chi　ra

さき
sa　ki

くへ
ku　he

はほ
ha　ho

にた
ni　ta

しつ
shi　tsu

われ
wa　re

まよ
ma　yo

ろる
ro　ru

かや
ka　ya

いこ
i　ko

れね
re　ne

うら
u　ra

79

# 濁音・半濁音

**Voiced Sounds & P-sounds / 浊音、半浊音 / Consonnes sonores et semi-sonores**

When the mark ゛ is added to the upper right of kana that are k-, s-, t-, or h-sounds, it converts them into g-, z-, d-, or b-sounds, respectively. Also, adding the mark ゜ to the upper right of kana that are h-sounds turns them into p-sounds. For example, が is written by first writing か and then adding ゛ to the upper right. To write ぱ, you write は and then add ゜. When writing kana, take care to place these marks in their proper position.

在 "k、s、t、h" 的字的右上方标示 "゛"，表示 "g、z、d、b" 的发音。在 "h" 的字的右上方的标示 "゜"，表示 "p" 的发音。例如，写 "が" 的时候，先写 "か"，然后在右上方写 "゛"。写 "ぱ" 的时候，先写 "は"，再写 "゜"。书写时请注意假名和 "゛"、"゜" 的位置关系。

Lorsque le signe [ ゛] est ajouté en haut à droite des kana avec « k, s, t, h », ceux-ci se prononcent alors respectivement « g, z, d, b ». Lorsque le signe [ ゜] est ajouté en haut à droite d'un kana avec « h », celui-ci se prononce alors « p ». Par exemple, pour écrire [ が ], il faut écrire [ か ], puis ajouter [ ゛] en haut à droite. Pour écrire [ ぱ ], on commence par [ は ], puis on ajoute [ ゜]. Faites attention à la position des signes [ ゛] et [ ゜] en écrivant vos kana.

| | ga | gi | gu | ge | go |
|---|---|---|---|---|---|
| 🔊 103 | が | ぎ | ぐ | げ | ご |
| | za | ji | zu | ze | zo |
| 🔊 104 | ざ | じ | ず | ぜ | ぞ |
| | da | ji | zu | de | do |
| 🔊 105 | だ | ぢ | づ | で | ど |
| | ba | bi | bu | be | bo |
| 🔊 106 | ば | び | ぶ | べ | ぼ |
| | pa | pi | pu | pe | po |
| 🔊 107 | ぱ | ぴ | ぷ | ぺ | ぽ |

80

**Practice**  🔊 108

1. かぎ — key / 钥匙 / clé
   ka　gi

2. みず — water / 水 / eau
   mi　zu

3. かぞく — family / 家人 / famille
   ka　zo　ku

4. ごはん — steamed rice, meal / 饭 / repas
   go　ha　n

5. でぐち — exit / 出口 / sortie
   de　gu　chi

6. えんぴつ — pencil / 铅笔 / crayon
   e　n　pi　tsu

7. _____ — shrimp / 虾 / crevette
   　e　bi

8. _____ — (a) walk / 散步 / promenade
   sa　n　po

9. _____ — music / 音乐 / musique
   o　n　ga　ku

10. _____ — friend / 朋友 / ami
    to　mo　da　chi

**7.** えび　　**8.** さんぽ　　**9.** おんがく　　**10.** ともだち

81

# 長音  Long Vowels / 长音 / Voyelle longue

Keep in mind that the long vowel *ee* is written with い, and the long vowel *oo* with う. (Some words are exceptions.)

请注意，[ee] 的长音写"い"，[oo] 的长音写"う"。(也有部分单词例外)

Notez que pour former la voyelle longue « ee », on ajoute un [ い ], alors que la voyelle longue « oo », on ajoute un [ う ]. (Il existe des exceptions pour certains mots.)

| 🔊 109 | kaa かあ | kii きい | kuu くう | kei [kee] けい | kou [koo] こう |
|---|---|---|---|---|---|
| 🔊 110 | saa さあ | sii しい | suu すう | sei [see] せい | sou [soo] そう |

## Practice  L   🔊 111

Flashcard Video

1. おばあさん — o ba a sa n — grandmother / 奶奶、婆婆 / grand-mère
2. たいふう — ta i fu u — typhoon / 台风 / typhon
3. ぼうし — bo u shi — hat / 帽子 / chapeau
4. ___ — o ni i sa n — older brother / 哥哥 / grand frère
5. ___ — to ke i — clock / 钟表 / montre
6. ___ — ki no u — yesterday / 昨天 / hier

4. おにいさん   5. とけい   6. きのう

82

 **Double Consonants / 促音 / Consonne doublée**

The small っ represents a double consonant, in which the initial pronunciation of the k-, s-, t-, or p-sound that follows っ is held for an extra beat. When writing this character, make its height about half that of the normal size.

小 "っ" 表示促音。在后面的 "k、s、t、p" 开始发音前，停顿一拍的音。"っ" 的书写高度应为普通字的一半左右。

Un petit [ っ ] indique une consonne qui doit être doublée. Les sons « k, s, t, p » qui le suivent seront prononcés en marquant une pause d'un temps juste avant. Écrivez le petit [ っ ] de façon qu'il fasse la moitié de la hauteur d'un kana normal.

🔊 112

| sakka<br>さっか<br>writer / 作家 / écrivain | zasshi<br>ざっし<br>magazine / 杂志 / magazine | kitte<br>きって<br>stamp / 邮票 / timbre | kippu<br>きっぷ<br>ticket / 入场券 / billet |
|---|---|---|---|
| sekken<br>せっけん<br>soap / 肥皂 / savon | issatsu<br>いっさつ<br>one book / 一册 / un livre | mittsu<br>みっつ<br>three / 三个 / trois | suppai<br>すっぱい<br>sour / 酸 / acide |

## ✏️ Practice   🔊 113

1.
ni  k  ki
diary
日记
journal intime

2. あさって
a  sa  t  te
the day after tomorrow
后天
après-demain

3. はっぱ
ha  p  pa
leaf
叶子
feuille

4. _____
i  k  ka  i
one time
一次
une fois

5. _____
ki  s  sa  te  n
coffee shop
喫茶店、咖啡店
café (lieu)

**4.** いっかい   **5.** きっさてん

**Contracted Sounds / 拗音 / Syllabe contractée**

These sounds are written by adding a small ゃ, ゅ, or ょ after an *i*-column hiragana (き, し, ち, に, ひ, み, り, ぎ, じ, び, ぴ). Although two characters are used, their combined sound is pronounced in one beat. When writing small ゃ, ゅ, or ょ, make their height about half that of the normal size.

在 "i" 段的 "き、し、ち、に、ひ、み、り"，"ぎ、じ、び、ぴ" 后写小 "ゃ、ゅ、ょ"。虽然是用两个平假名写成的，但却是一拍的音。"ゃ、ゅ、ょ" 的书写高度应为普通字的一半左右。

Des petits [ ゃ, ゅ, ょ ] sont ajoutés aux kana de la colonne des syllabes en « i » [ き, し, ち, に, ひ, り ] ou [ ぎ, じ, び, ぴ ]. Les nouvelles syllabes s'écrivent avec deux hiragana, mais forment un seul temps. Écrivez les petits [ ゃ, ゅ, ょ ] de façon qu'ils fassent la moitié de la hauteur d'un kana normal.

| | | | | | | | |
|---|---|---|---|---|---|---|---|
| 🔊 114 | kya きゃ | kyu きゅ | kyo きょ | 🔊 121 | gya ぎゃ | gyu ぎゅ | gyo ぎょ |
| 🔊 115 | sha しゃ | shu しゅ | sho しょ | 🔊 122 | ja じゃ | ju じゅ | jo じょ |
| 🔊 116 | cha ちゃ | chu ちゅ | cho ちょ | 🔊 123 | bya びゃ | byu びゅ | byo びょ |
| 🔊 117 | nya にゃ | nyu にゅ | nyo にょ | 🔊 124 | pya ぴゃ | pyu ぴゅ | pyo ぴょ |
| 🔊 118 | hya ひゃ | hyu ひゅ | hyo ひょ | | | | |
| 🔊 119 | mya みゃ | myu みゅ | myo みょ | | | | |
| 🔊 120 | rya りゃ | ryu りゅ | ryo りょ | | | | |

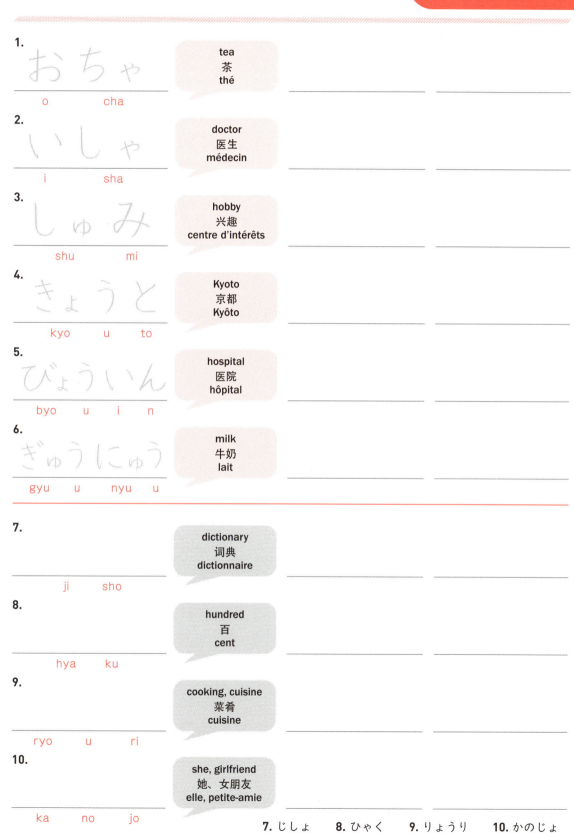

## 短い文の練習

**Practice Writing Short Sentences / 短句练习 / Exercices d'écriture de phrases courtes**

Try writing short sentences in hiragana. The sentences will look better if you align the bottom of the characters. When writing slender characters like う, し, or り, slightly narrow the space between them and adjacent characters.

试着用平假名写短句吧。将文字下方对齐写，会很好看。"う"、"し"、"り"等比较窄的文字，在书写时应稍微贴近相邻文字。

Écrivez des phrases courtes en hiragana. Pour un plus bel effet, alignez le bas des hiragana. Les kana étroits comme [ う, し, り ] doivent être écrits en laissant un léger espace avec le kana voisin.

🔊 126

はじめまして

**Hajimemashite**

It's nice to meet you / 初次见面 / Ravi(e) de faire votre connaissance

こんにちは

**Konnichiha[wa]**

Hello / 你好 / Bonjour

さようなら

**Sayounara**

See you / 再见 / Au revoir

ありがとうございます

**Arigatou gozaimasu**

Thank you / 谢谢 / Merci

よろしくおねがいします

**Yoroshiku onegaishimasu**

I look forward to working with you / 请多多关照 / Je m'en remets à vous

おめでとうございます

**Omedetou gozaimasu**

Congratulations / 恭喜 / Félicitations

がんばって

**Ganbatte**

Good luck / 加油 / Courage, bonne chance

またあいましょう

**Mata aimashou**

See you again / 下次再见 / Revoyons-nous un jour

# カタカナ

## KATAKANA

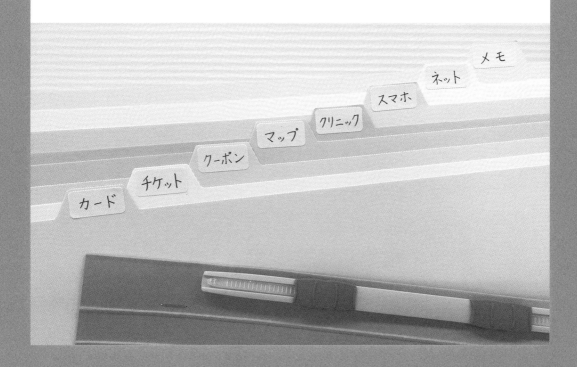

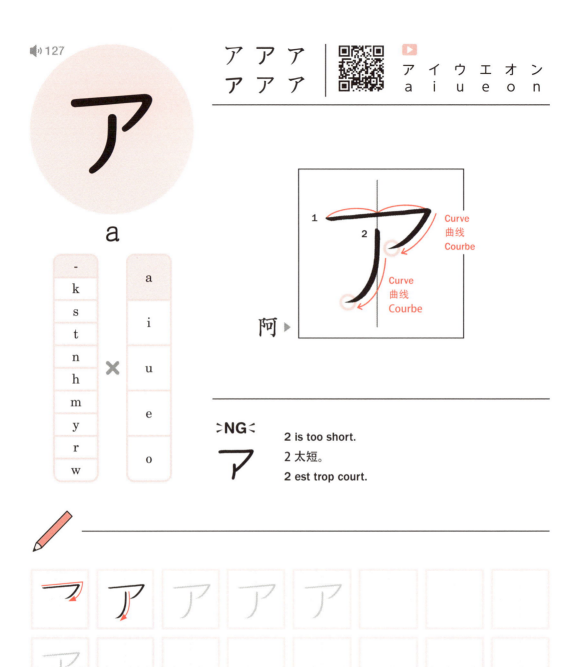

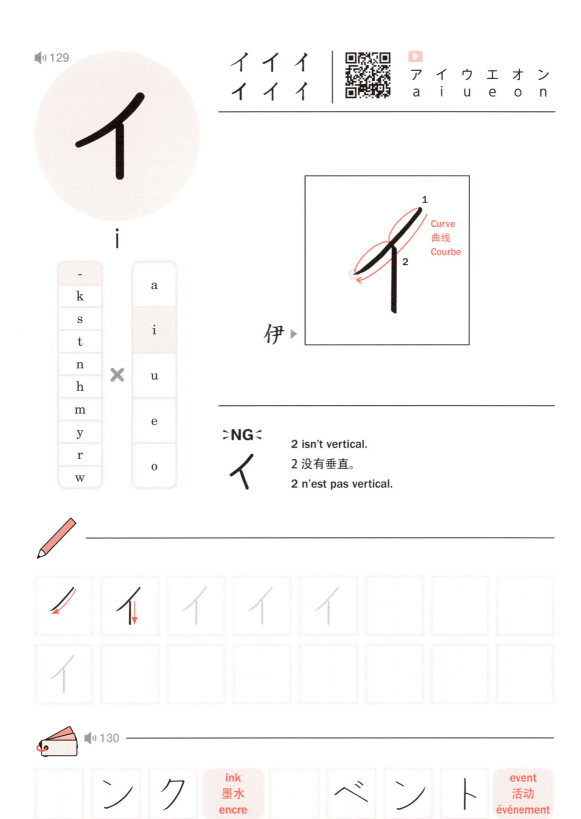

🔊 131

u

アイウエオン
a i u e o n

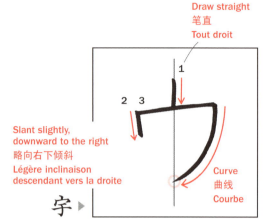

> NG <

ウ

1 is a dot. 2 is slanted the wrong way.
1 变成了点。2 的倾斜方向反了。
1 forme un point détaché. L'inclinaison de 2 est inversée.

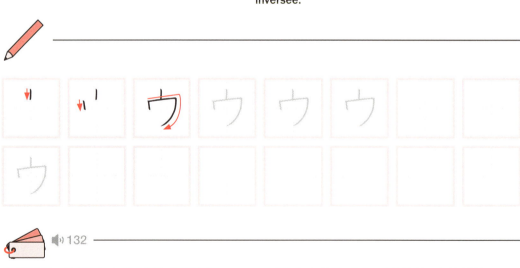

🔊 132

| u | ku | re | re | | u | i | ru | su |

ukulele / 尤克里里 / ukulélé

virus / 病毒 / virus

✔ ウクレレ　ウイルス

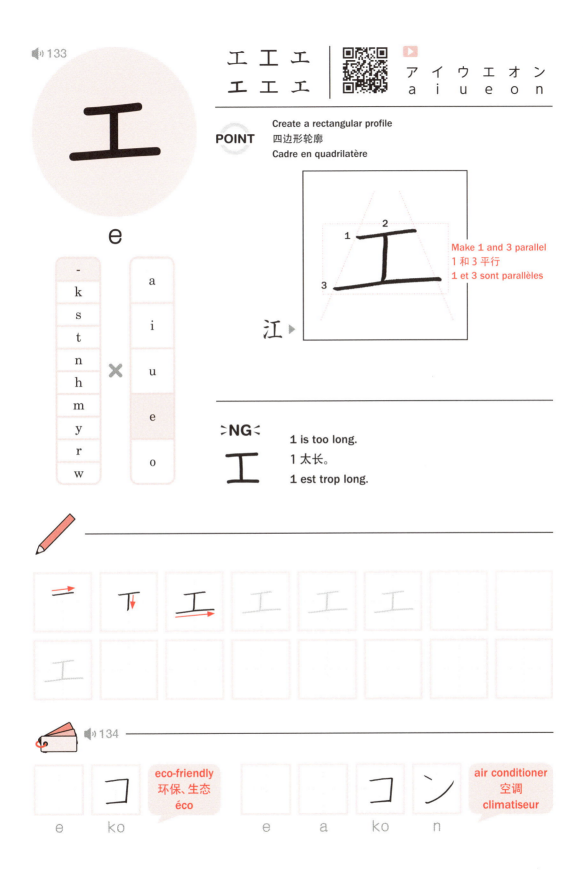

🔊 135

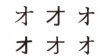

アイウエオン
a i u e o n

o

| - | a |
|---|---|
| k | i |
| s | u |
| t | e |
| n | o |
| h | |
| m | |
| y | |
| r | |
| w | |

× 

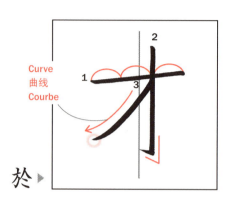

於 ▶

>NG<

2 is hooked to the right. 3 pierces the intersection.
2 的勾不应该向右。3 出头了。
2 rebondit vers la droite. 3 ressort.

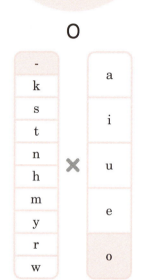

🔊 136

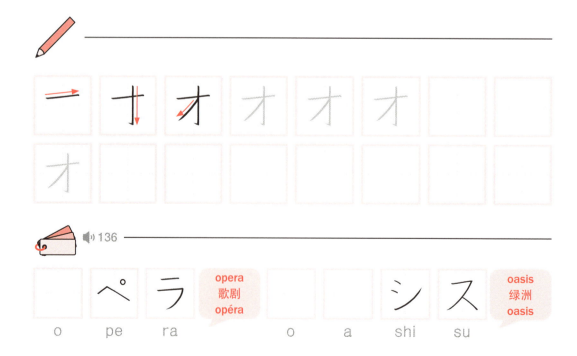

| o | pe | ra | opera 歌剧 opéra | o | a | shi | su | oasis 绿洲 oasis |

✔ オペラ　オアシス

92

🔊 137

ン ン ン
ン ン ン

アイウエオン
a i u e o n

# ン

**n**

| - | a |
| k | i |
| s | u |
| t | e |
| n | o |
| h | |
| m | |
| y | |
| r | |
| w | |

× 

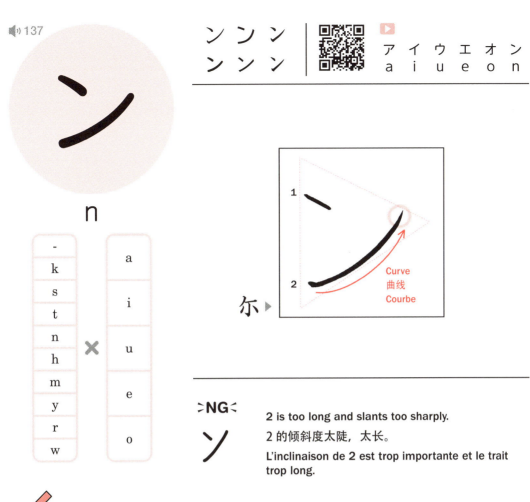

Curve
曲线
Courbe

>NG<  2 is too long and slants too sharply.
ソ    2 的倾斜度太陡，太长。
      L'inclinaison de 2 est trop importante et le trait trop long.

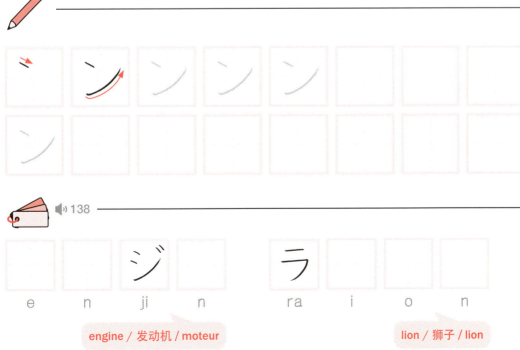

🔊 138

e n **ji** n        ra i o n

**engine / 发动机 / moteur**        **lion / 狮子 / lion**

✓ エンジン ライオン

93

## 長音 — Long Vowels / 长音 / Voyelle longue

Long vowels in katakana words are always represented with ー, regardless of the vowel involved.

片假名单词，无论母音是什么，所有长音都写成"ー"。

Dans les mots en katakana, toutes les voyelles qui sont allongées sont indiquées par le symbole [ ー ].

139

| a—to<br>アート<br>art / 艺术 / art | i—toin<br>イートイン<br>dine in / 堂食 / consommation sur place |
|---|---|
| u—ru<br>ウール<br>wool / 羊毛 / laine | e—su<br>エース<br>ace / 王牌 / as |
| o—bun<br>オーブン<br>oven / 烤箱 / four | ko—to<br>コート<br>coat / 外衣 / manteau |
| me—ru<br>メール<br>email / 邮件 / e-mail | su—pa—<br>スーパー<br>supermarket / 超市 / supermarché |

🔊 140

カ カ カ
カ カ カ

カ キ ク ケ コ
ka ki ku ke ko

カ ka　ガ ga

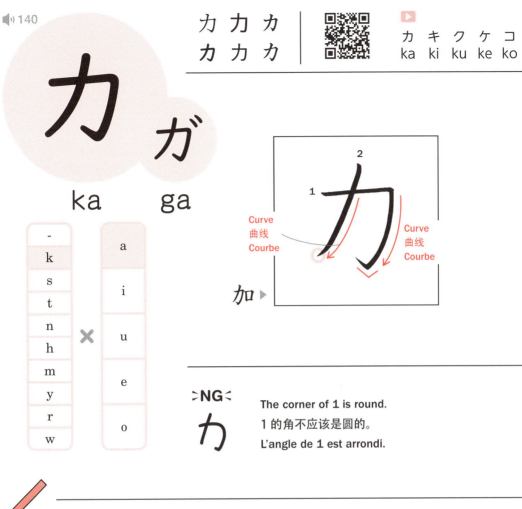

| - | | a |
|---|---|---|
| k | | i |
| s | | u |
| t | × | e |
| n | | o |
| h | | |
| m | | |
| y | | |
| r | | |
| w | | |

NG

The corner of 1 is round.
1 的角不应该是圆的。
L'angle de 1 est arrondi.

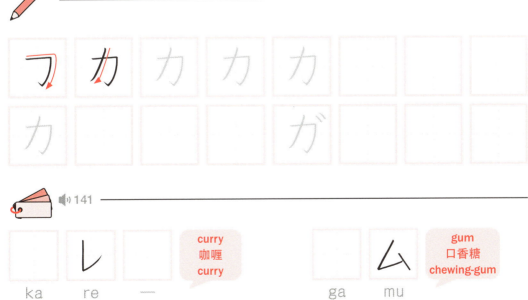

🔊 141

ka　re　—　curry 咖喱 curry　　ga　mu　gum 口香糖 chewing-gum

✔ カレー　ガム

95

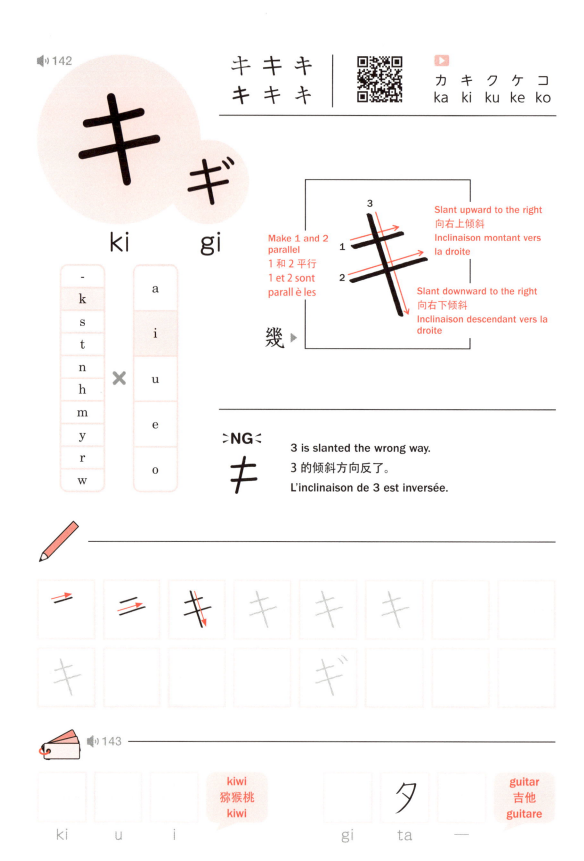

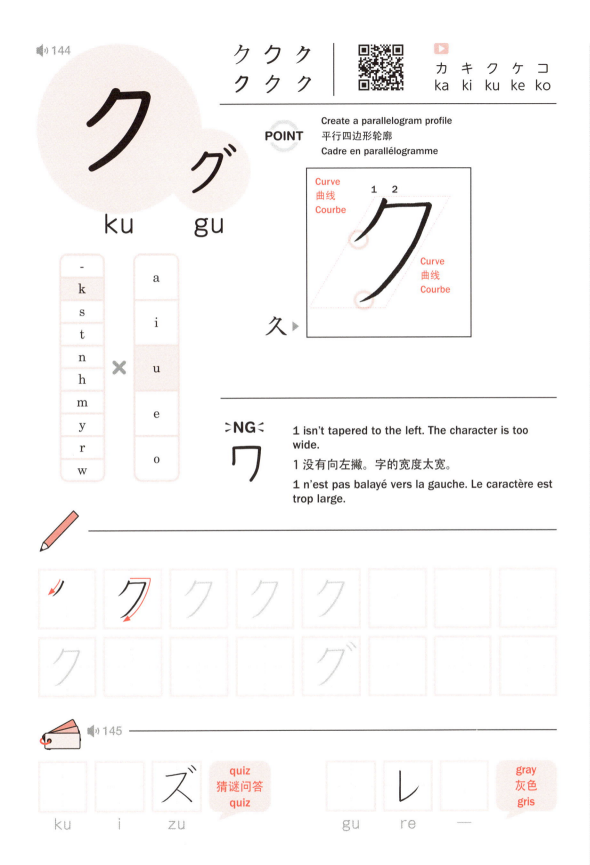

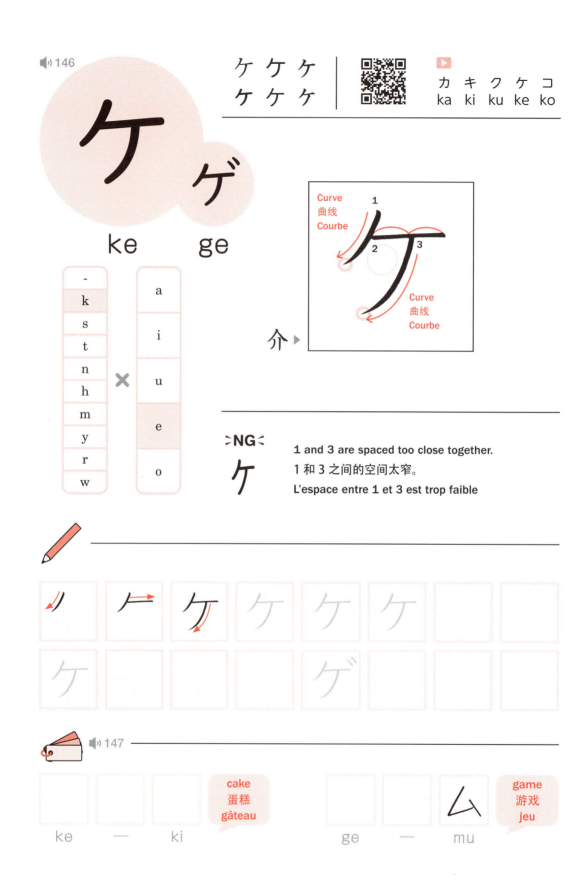

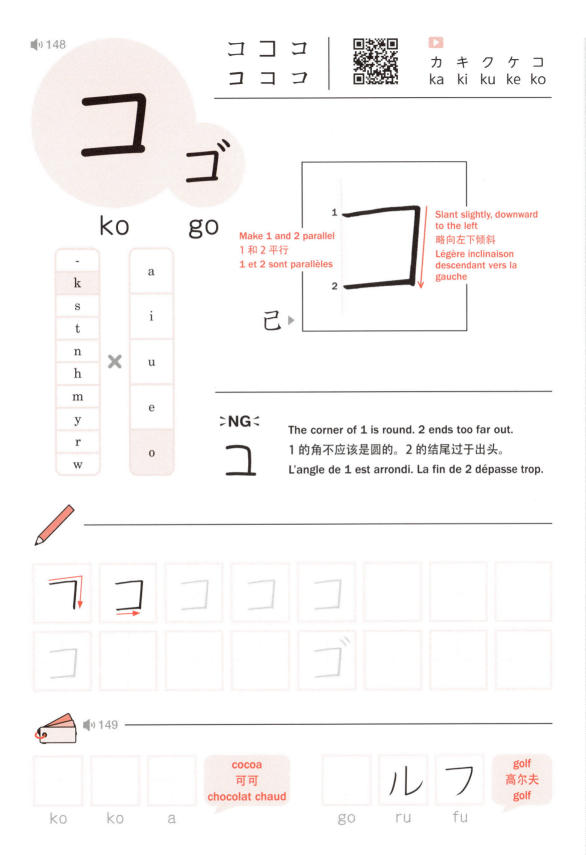

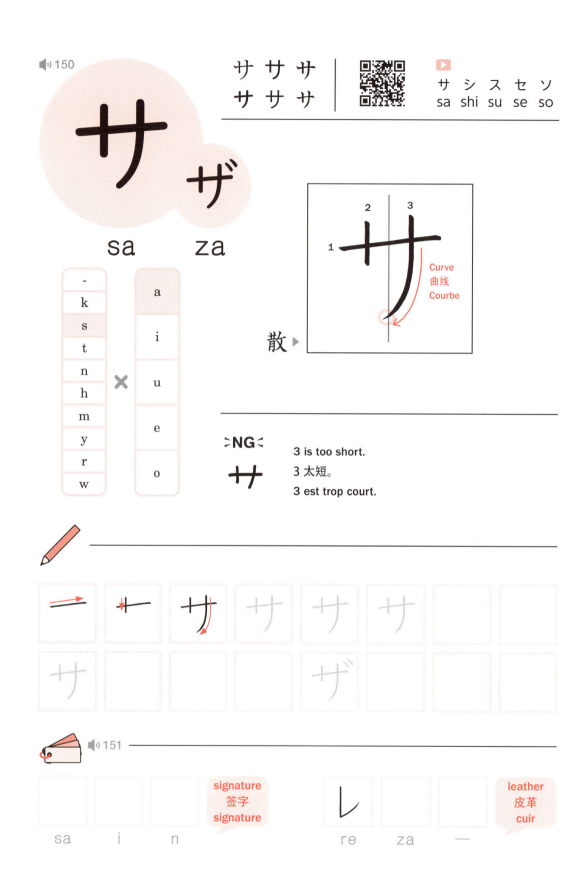

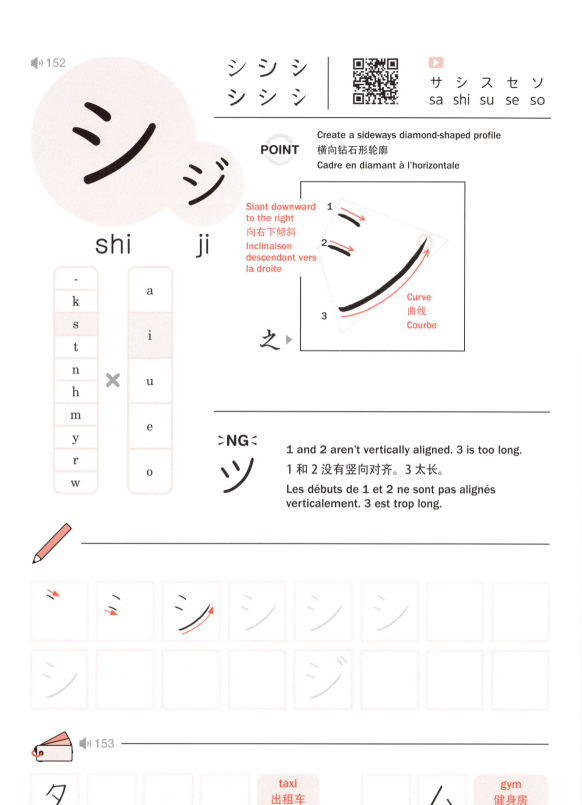

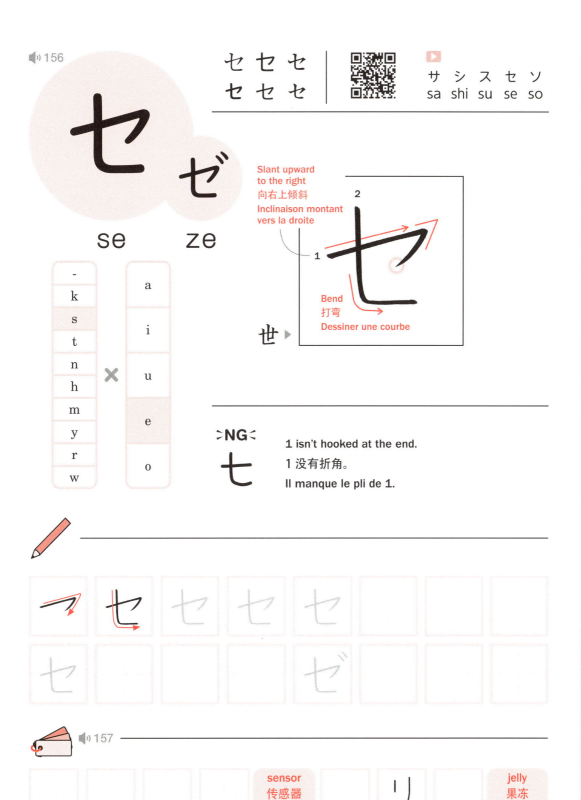

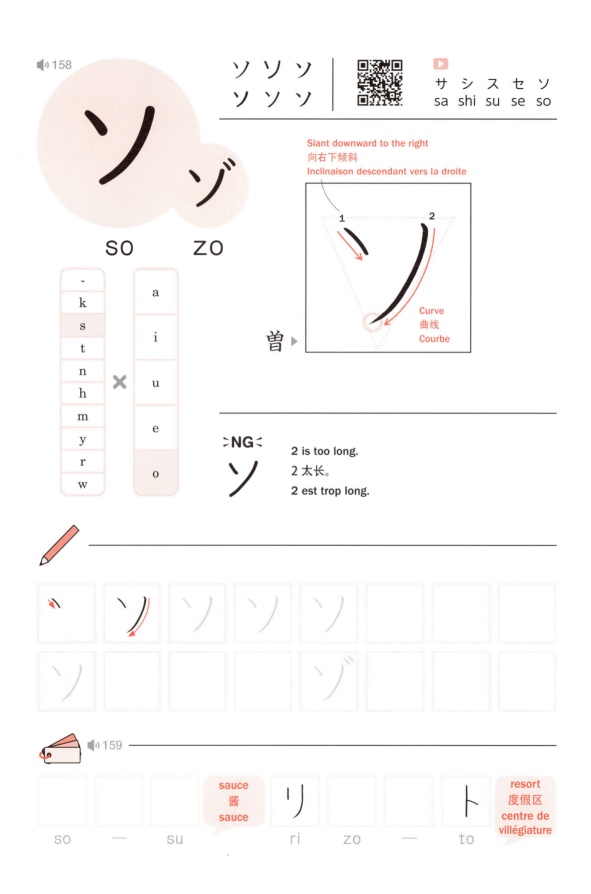

**Practice**   Flashcard Video

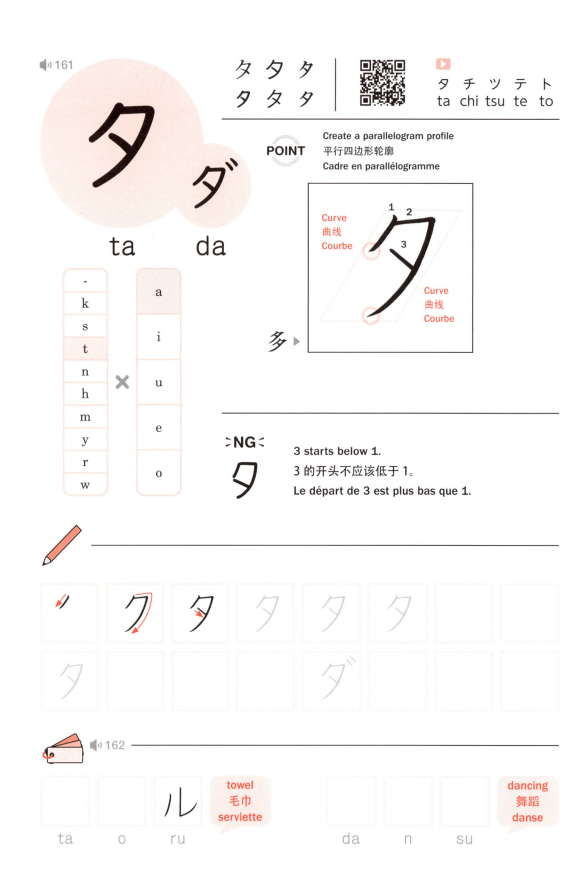

163

chi

チ チ チ
チ チ チ

タ チ ツ テ ト
ta chi tsu te to

Draw straight
笔直
Tout droit

Curve
曲线
Courbe

>NG<
千

1 is too long. 3 isn't curved.
1 太长。3 没有出现曲线。
1 est trop long. 3 n'est pas courbé.

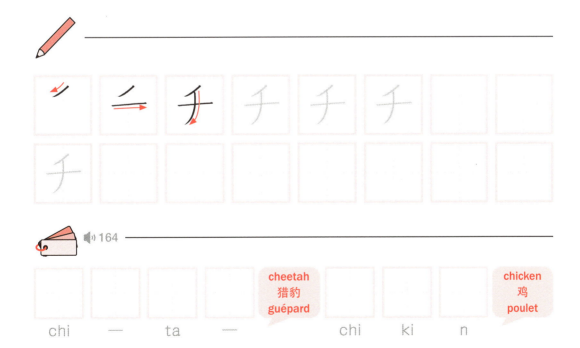

164

cheetah
猎豹
guépard

chicken
鸡
poulet

chi — ta —　　　chi　ki　n

✓ チーター　チキン

107

🔊 165

ツ ツ ツ
ツ ツ ツ

タ チ ツ テ ト
ta chi tsu te to

**tsu**

**POINT** Create a diamond-shaped profile
钻石形轮廓
Cadre en diamant

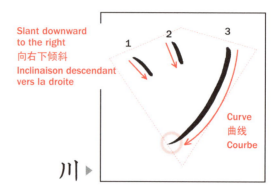

| - | a |
| k | |
| s | i |
| t | |
| n | u |
| h | |
| m | e |
| y | |
| r | o |
| w | |

×

 **NG**

1 and 2 aren't horizontally aligned.
1 和 2 没有横向对齐。
Les débuts de 1 et 2 ne sont pas alignés horizontalement.

 🔊 166

tsu    a    —

tour
旅游
tour, voyage organisé

tsu   na

tuna
金枪鱼
thon

✓ ツアー   ツナ

108

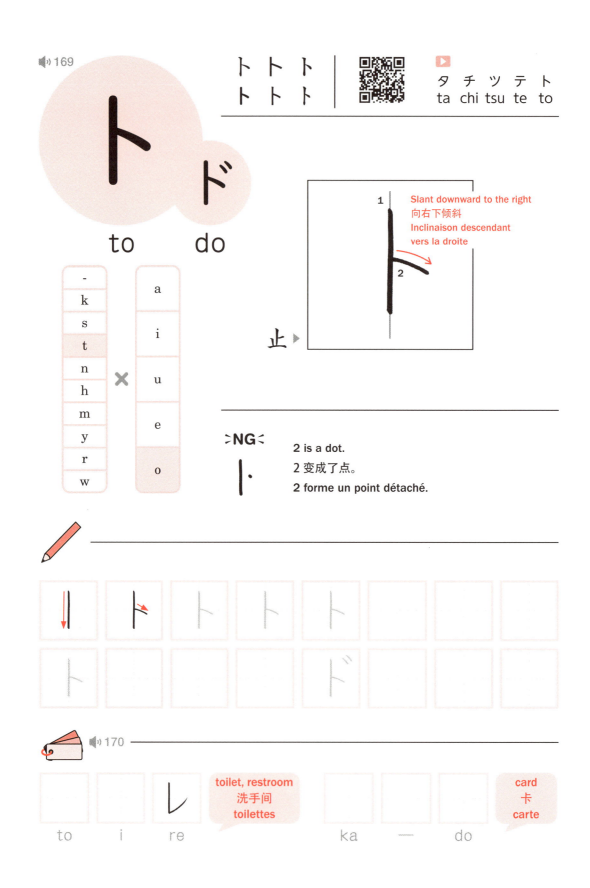

**Double Consonants / 促音 / Consonne doublée**

As with hiragana, small ッ represents a double consonant. It may also sometimes appear before g-, z-, d-, and b-sounds. When writing small ッ, make its height about half that of the normal size.

与平假名一样，小"ッ"表示促音。"g、z、d、b"前也会加"ッ"。"ッ"的书写高度应为普通字的一半左右。

Comme avec les hiragana, le petit [ ッ ] indique qu'une consonne est doublée. Les sons « g, z, d, b » peuvent être précédés du petit [ ッ ]. Écrivez le petit [ ッ ] de façon qu'il fasse la moitié de la hauteur d'un kana normal.

🔊 171

| sakkaー | raketto |
|---|---|
| サッカー | ラケット |
| soccer / 足球 / football | racquet / 球拍 / raquette |
| koppu | chiketto |
| コップ | チケット |
| cup / 杯子 / verre | ticket / 票 / ticket |
| kicchin | suicchi |
| キッチン | スイッチ |
| kitchen / 厨房 / cuisine (lieu) | switch / 开关 / interrupteur |
| kukkiー | beddo |
| クッキー | ベッド |
| cookie / 曲奇饼 / biscuit | bed / 床 / lit |

111

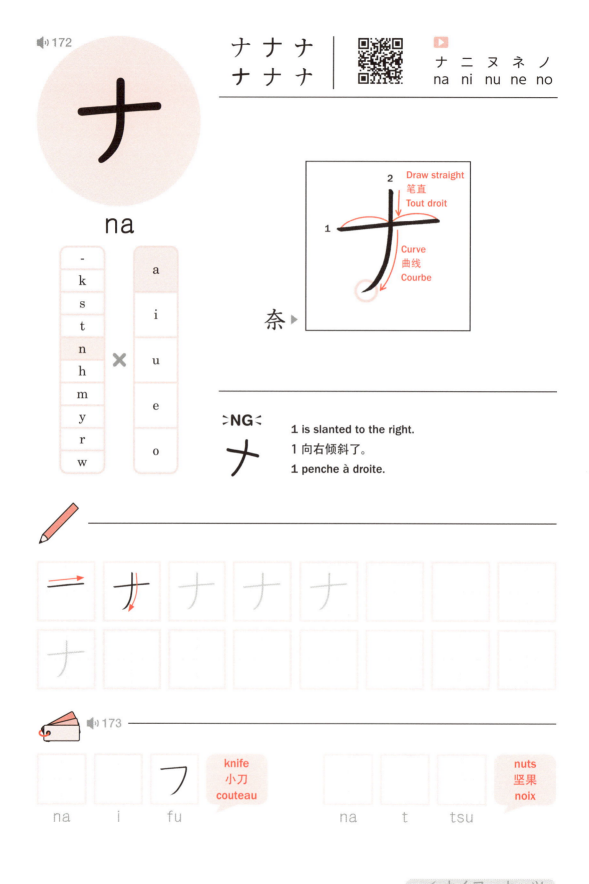

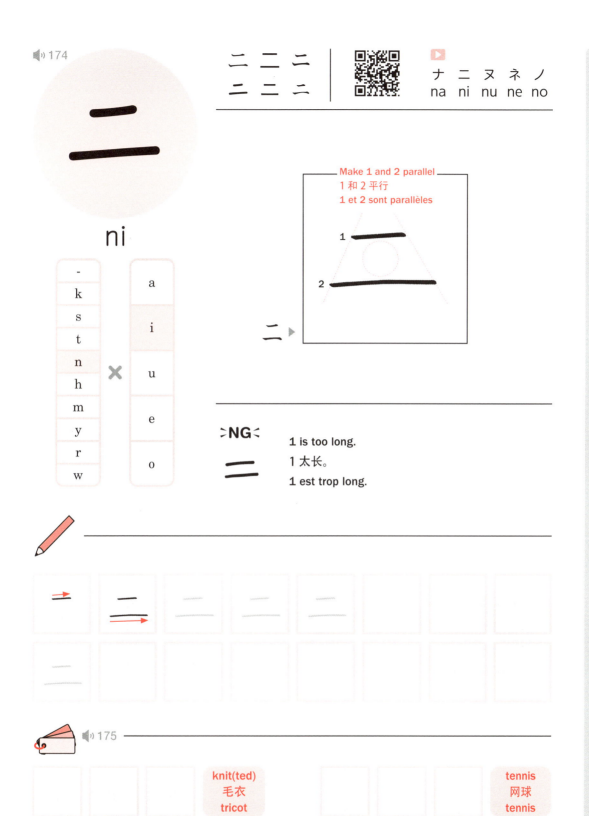

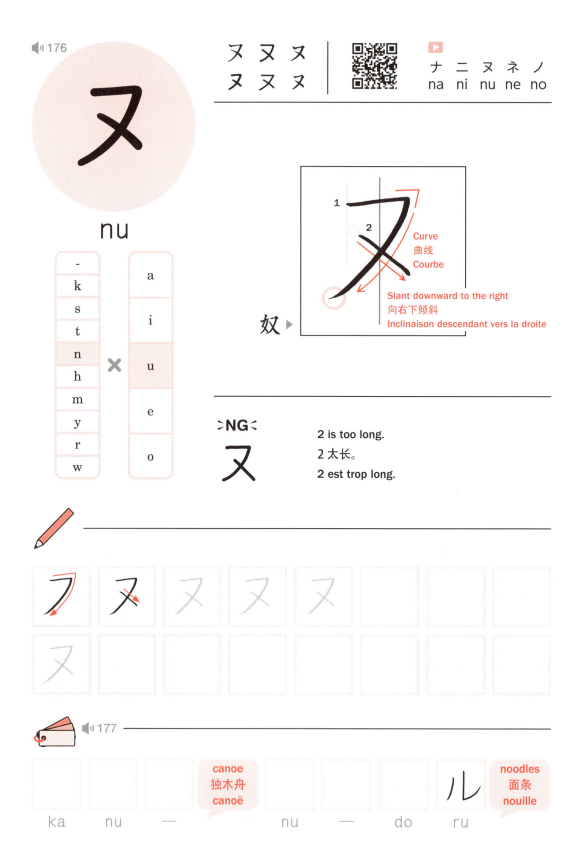

178

ne

ナ ニ ヌ ネ ノ
na ni nu ne no

| - | a |
|k|i|
|s|u|
|t|e|
|n|o|
|h| |
|m| |
|y| |
|r| |
|w| |

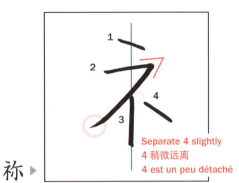

祢 ▸

Separate 4 slightly
4 稍微远离
4 est un peu détaché

**NG**

ネ

The bottom part is too small.
下部太小。
Le bas est trop petit.

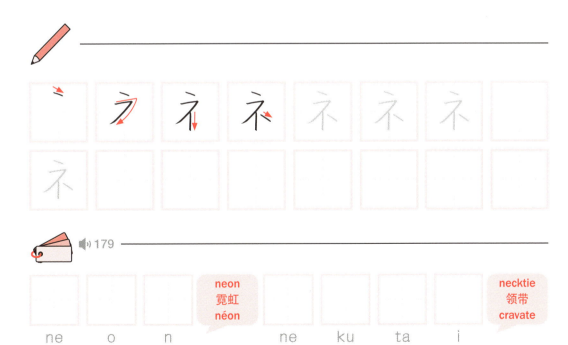

179

| | | | neon 霓虹 néon | | ne | ku | ta | i | necktie 领带 cravate |
|---|---|---|---|---|---|---|---|---|---|
| ne | o | n | | | | | | | |

✓ ネオン　ネクタイ

115

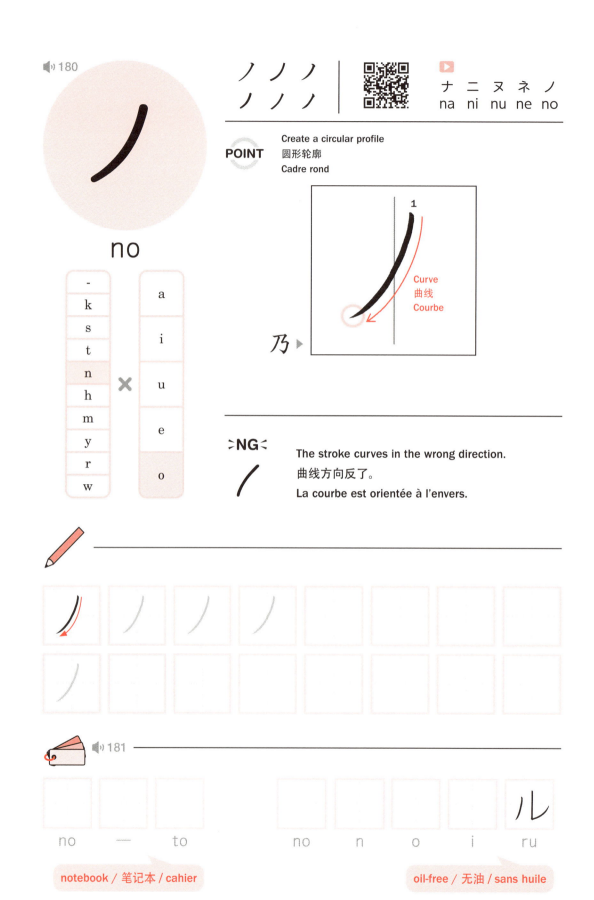

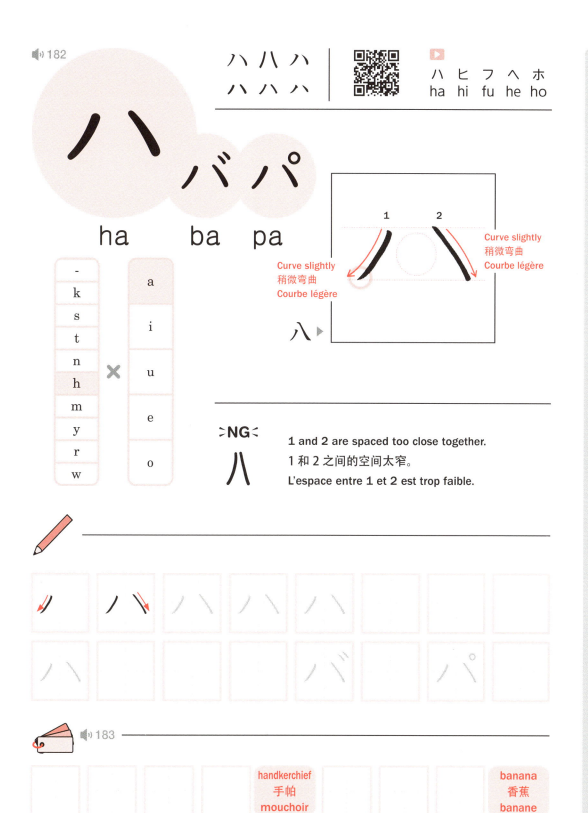

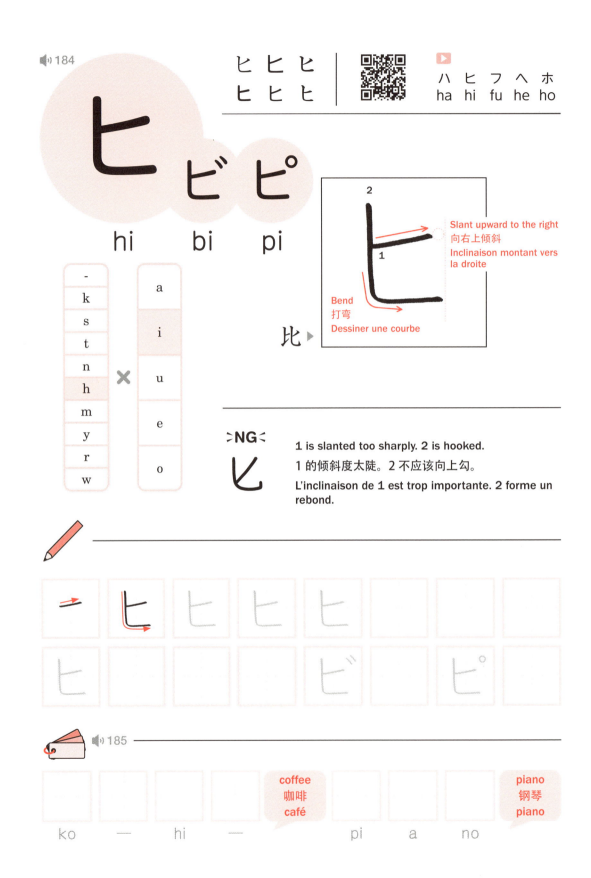

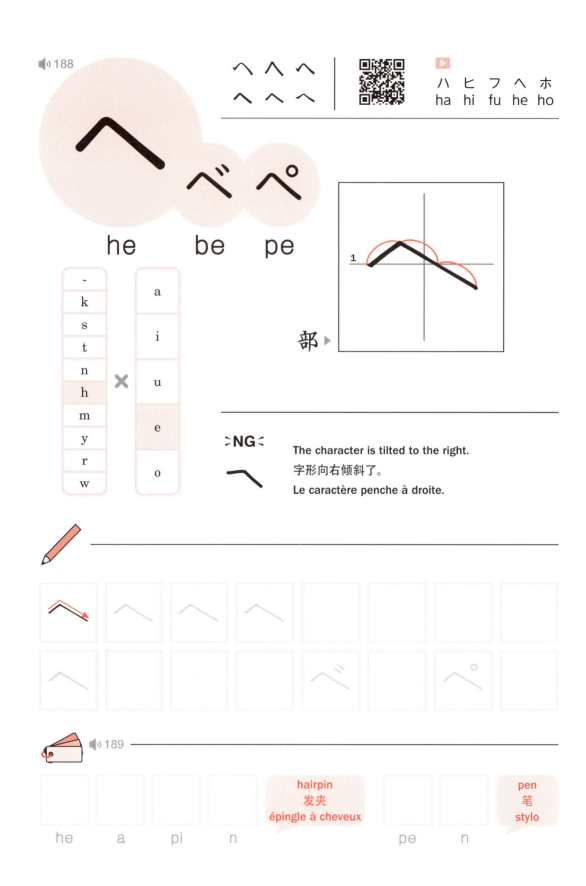

# Practice  🔊 192

Flashcard Video

1. チーズ — cheese / 奶酪 / fromage
   chi - zu

2. サンドイッチ — sandwich / 三明治 / sandwich
   sa n do i c chi

3. ピクニック — picnic / 野餐 / pique-nique
   pi ku ni k ku

4. ヘッドホン — headphones / 头戴式耳机 / casque audio
   he d do ho n

5. ノンフライ — non-fried / 非油炸 / non frit     ラ   ラ
   no n fu ra i

6. テント — tent / 帐篷 / tente
   te n to

---

7. penguin / 企鹅 / pingouin
   pe n gi n

8. bag / 包袋 / sac
   ba g gu

9. pocket / 口袋 / poche
   po ke t to

10. number / 编号 / numéro
    na n ba -

7. ペンギン　8. バッグ　9. ポケット　10. ナンバー

🔊 193

マ マ マ
マ マ マ

▶ マ ミ ム メ モ
ma mi mu me mo

ma

| | | | |
|---|---|---|---|
| - | | | |
| k | | a | |
| s | | i | |
| t | × | u | |
| n | | e | |
| h | | o | |
| m | | | |
| y | | | |
| r | | | |
| w | | | |

**POINT** Create an upside-down triangular profile
倒三角轮廓
Cadre triangulaire inversé

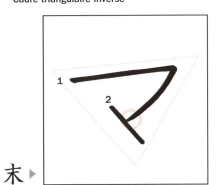

末 ▶

>NG<

マ

1 is angled too widely.
1 的折角太大。
L'angle du pli de 1 est trop grand.

🔊 194

| ma | su | ku | | ma | s | sa | — | ji |

mask / 口罩、面罩 / masque

massage / 按摩 / massage

✓ マスク　マッサージ

アイウエオ ン ー　カキクケコ　サシスセソ　タチツテト ッ　ナニヌネノ　ハヒフヘホ　**マ** ミムメモ　ヤユヨ ャ　ラリルレロ　ワ

123

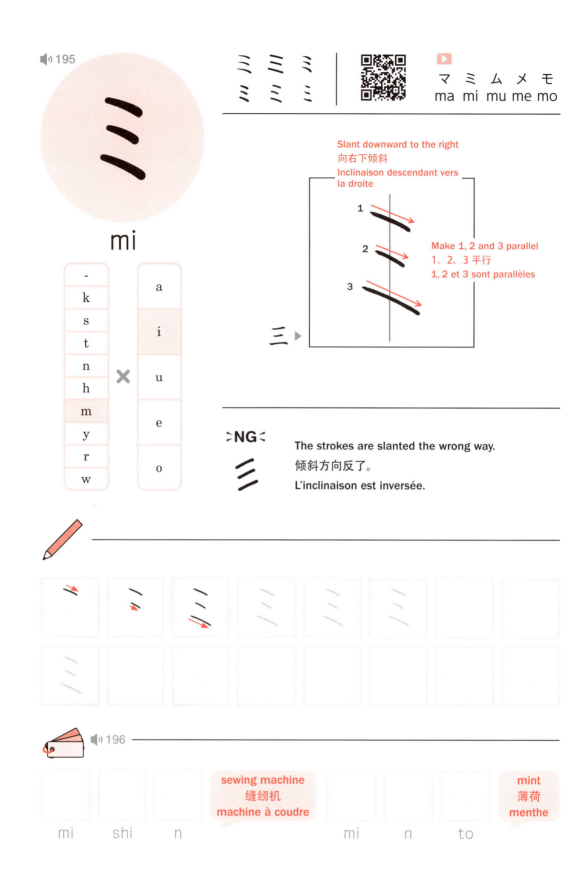

mu

ム ム ム
ム ム ム

マ ミ ム メ モ
ma mi mu me mo

**POINT** Create a square profile
方形轮廓
Cadre carré

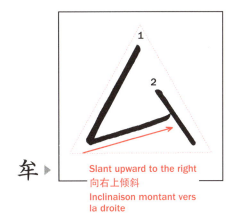

牟 ▶

Slant upward to the right
向右上倾斜
Inclinaison montant vers la droite

>NG<

The corner of 1 is round. 2 is too short.
1 的角不应该是圆的。2 太短。
L'angle de 1 est arrondi. 2 est trop court.

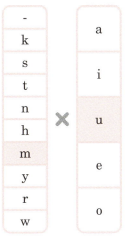

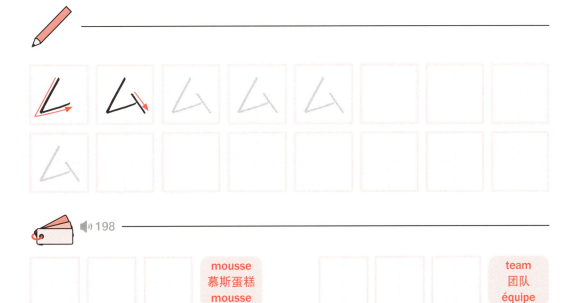

198

| mu | — | su | mousse 慕斯蛋糕 mousse | | chi | — | mu | team 团队 équipe |

✓ ムース　チーム

125

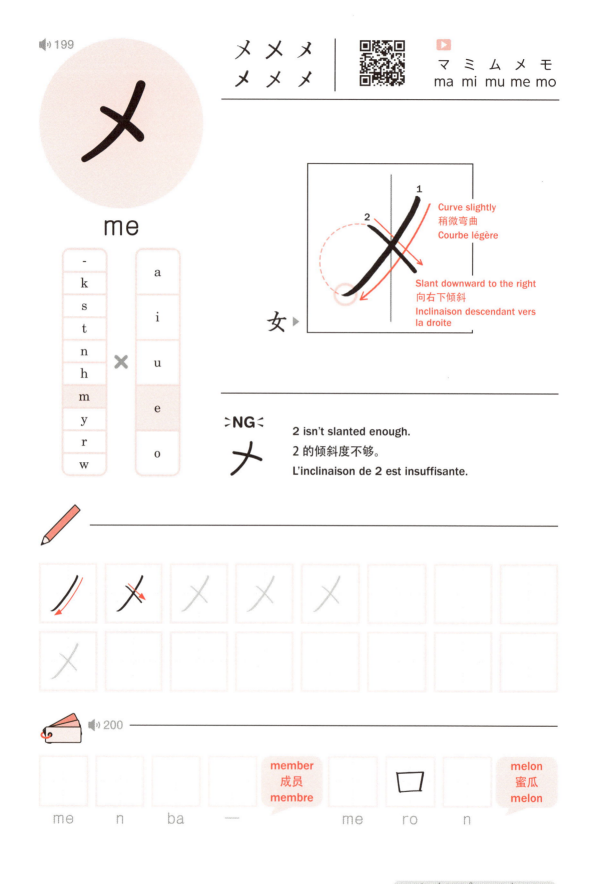

🔊 201

モ モ モ
モ モ モ

マ ミ ム メ モ
ma mi mu me mo

# モ

**mo**

| | | |
|---|---|---|
| - | | a |
| k | | i |
| s | × | u |
| t | | e |
| n | | o |
| h | | |
| m | | |
| y | | |
| r | | |
| w | | |

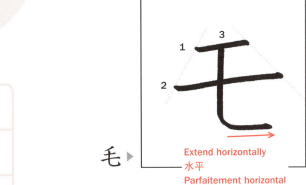

毛 ▶

Extend horizontally
水平
Parfaitement horizontal

>NG<

モ

3 pierces the top intersection.
3 出头了。
3 ressort.

🔊 202

| | | | | monitor 显示器 écran, moniteur | | | memo 备忘录 mémo |
|---|---|---|---|---|---|---|---|
| mo | ni | ta | ― | | me | mo | |

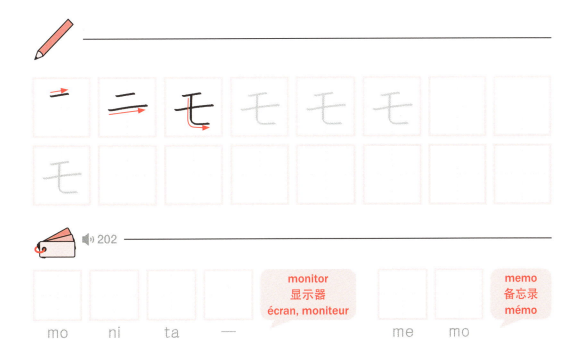

✓ モニター　メモ

127

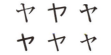

ya yu yo

ya

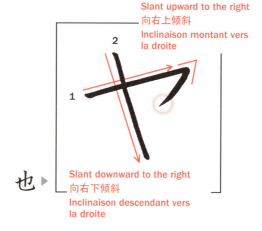

也 ▸

Slant upward to the right
向右上倾斜
Inclinaison montant vers la droite

Slant downward to the right
向右下倾斜
Inclinaison descendant vers la droite

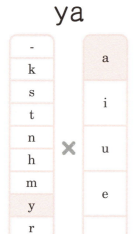

>NG<

ヤ

The corner of 1 is round.
1 的折角不应该是圆的。
Le pli de 1 est arrondi.

i ya ho n   do ra i ya ―

earphones / 入耳式耳机 / écouteur

hair dryer / 吹风机 / sèche-cheveux

✔ イヤホン　ドライヤー

🔊 205

ユ ユ ユ
ユ ユ ユ

ヤ ユ ヨ
ya yu yo

yu

| - | a |
|---|---|
| k | i |
| s | u |
| t | e |
| n | o |
| h | |
| m | |
| y | |
| r | |
| w | |

**POINT** Create a rectangular profile
长方形轮廓
Cadre rectangulaire

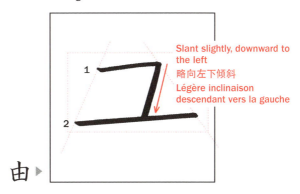

Slant slightly, downward to the left
略向左下倾斜
Légère inclinaison descendant vers la gauche

由 ▶

>NG<

ユ

2 is too short.
2 太短。
2 est trop court.

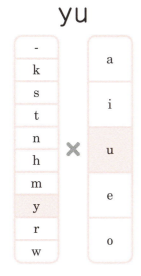

🔊 206

| yu | — | za | — | | yu | — | mo | a |

user / 用户 / utilisateur

humor / 幽默 / humour

✓ ユーザー ユーモア

129

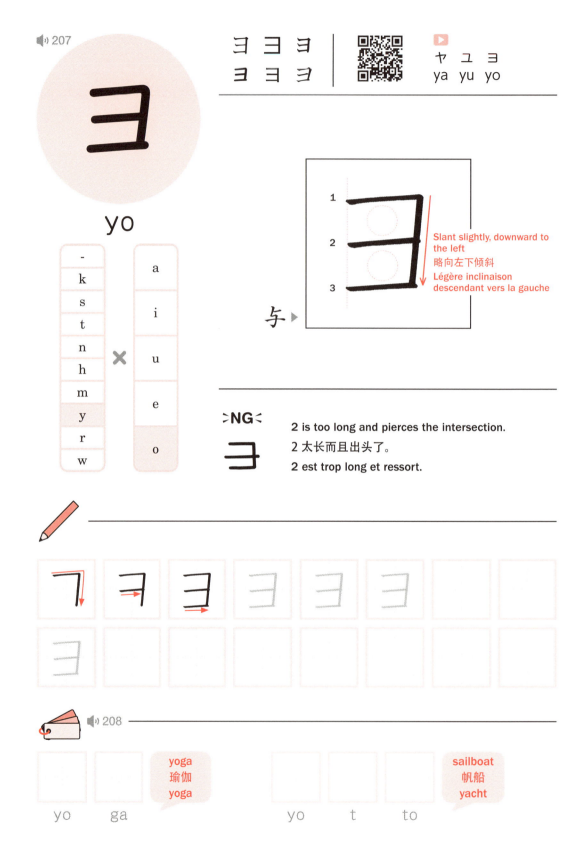

**Contracted Sounds / 拗音 / Syllabe contractée**

As with hiragana, contracted sounds are written using small ャ, ュ, and ョ. When writing these small characters, make their height about half that of the normal size.

与平假名一样，写小"ャ、ュ、ョ"。书写高度应为普通字的一半左右。

Comme avec les hiragana, on peut utiliser les petits [ ャ, ュ, ョ ]. Écrivez-les de façon qu'ils fassent la moitié de la hauteur d'un kana normal.

| | kya | kyu | kyo |
|---|---|---|---|
| 209 | キャ | キュ | キョ |
| 210 | sha シャ | shu シュ | sho ショ |
| 211 | cha チャ | chu チュ | cho チョ |
| 212 | nya ニャ | nyu ニュ | nyo ニョ |
| 213 | hya ヒャ | hyu ヒュ | hyo ヒョ |
| 214 | mya ミャ | myu ミュ | myo ミョ |
| 215 | rya リャ | ryu リュ | ryo リョ |

| | gya | gyu | gyo |
|---|---|---|---|
| 216 | ギャ | ギュ | ギョ |
| 217 | ja ジャ | ju ジュ | jo ジョ |
| 218 | bya ビャ | byu ビュ | byo ビョ |
| 219 | pya ピャ | pyu ピュ | pyo ピョ |

220

kyanpu
キャンプ
camp; camping / 野営 / camp

nyu－su
ニュース
news / 新闻 / actualités

jogingu
ジョギング
jogging / 慢跑 / jogging

131

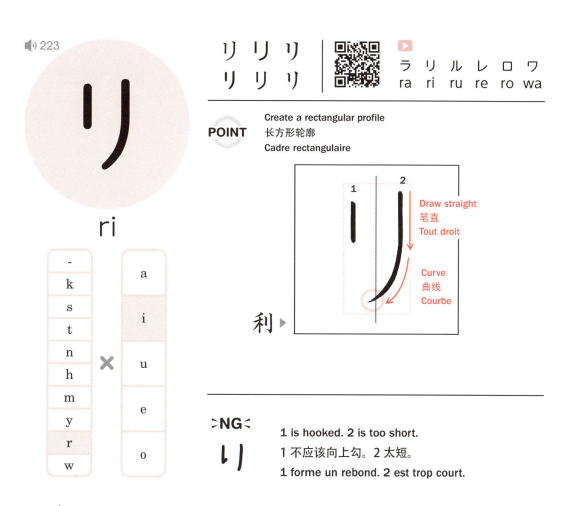

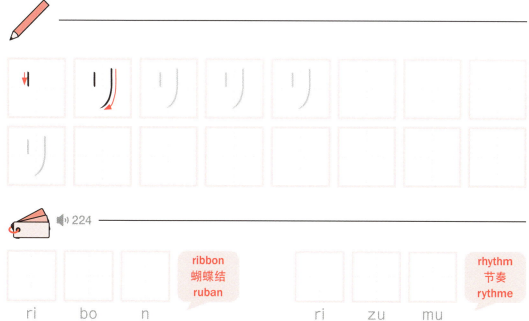

🔊 225

ru

| - | a |
|---|---|
| k | |
| s | i |
| t | |
| n | u |
| h | |
| m | e |
| y | |
| r | o |
| w | |

ル ル ル
ル ル ル

ラ リ ル レ ロ ワ
ra ri ru re ro wa

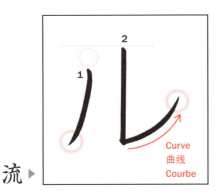

流 ▶

>NG<
ル

1 is too long. 1 and 2 are spaced too close together.

1 太长。1 和 2 之间的空间太窄。

1 est trop long. L'espace entre 1 et 2 est trop faible.

🔊 226

| ru | bi | — | ru | — | mu | me | — | to |

ruby / 红宝石 / rubis

roommate / 室友 / colocataire

✓ ルビー　ルームメート

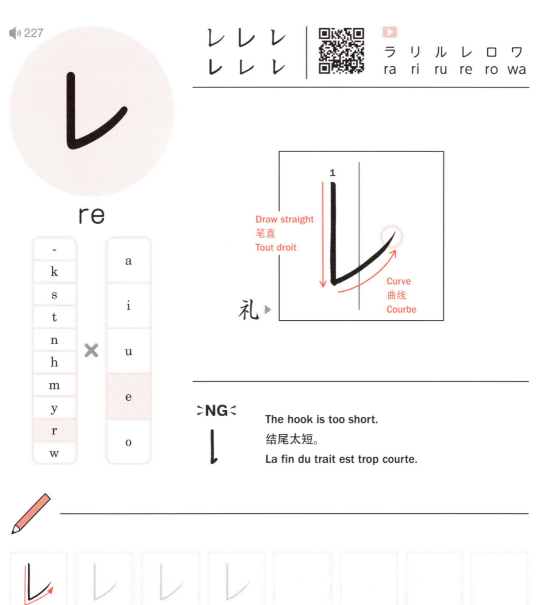

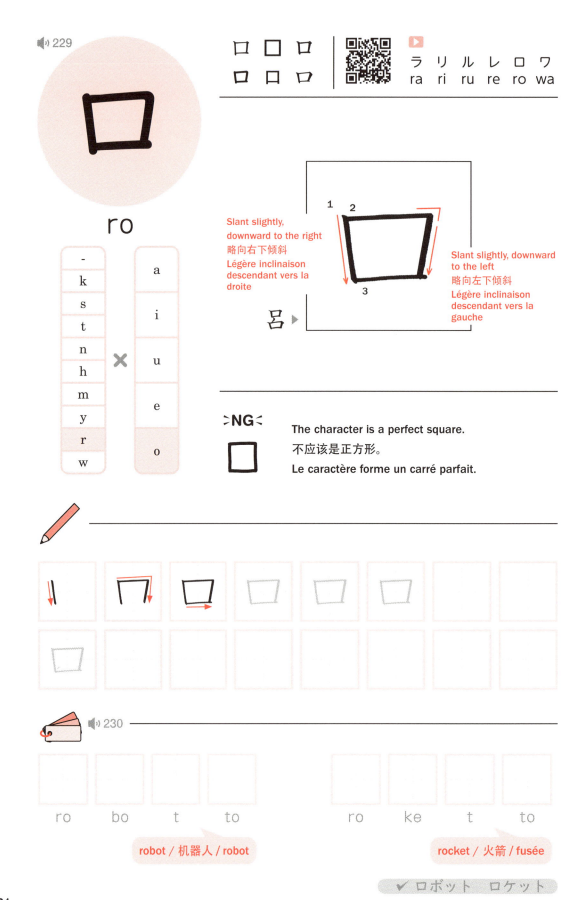

**wa**

ワワワ
ワワワ

ラリルレロワ
ra ri ru re ro wa

Slant slightly, downward to the right
略向右下倾斜
Légère inclinaison descendant vers la droite

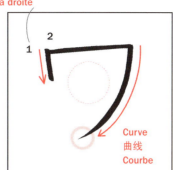

和 ▶

Curve
曲线
Courbe

> NG <

ワ

The character is elongated vertically.
字形变成了竖长。
Le caractère est allongé verticalement.

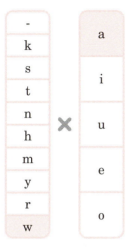

232

| | | | waltz 圆舞曲 valse | | | | | waffle 华夫饼 gaufre |
|wa|ru|tsu| |wa|f|fu|ru| |

✓ ワルツ ワッフル

137

# Practice   +   🔊 233

**1.** マラソン — marathon / 马拉松 / marathon
ma ra so n

**2.** ヨーグルト — yogurt / 酸奶 / yaourt
yo - gu ru to

**3.** ロッカー — locker / 储物柜 / casier
ro k ka -

**4.** ワイヤレス — wireless / 无线 / sans fil
wa i ya re su

**5.** チョコレート — chocolate / 巧克力 / chocolat
cho ko re - to

**6.** リュック — backpack / 背包 / sac à dos
ryu k ku

**7.** — medal / 奖牌 / médaille
me da ru

**8.** — mystery / 神秘 / mystère
mi su te ri -

**9.** — shower / 淋浴 / douche
sha wa -

**10.** — character / 角色、性格 / personnage
kya ra ku ta -

7. メダル   8. ミステリー   9. シャワー   10. キャラクター

138

## 似ている文字の練習

Practice Writing Similar Characters / 相似文字练习 / Exercices avec des caractères similaires sons

| アマム | ウクワ | コユヨ | シツ | スヌ |
|---|---|---|---|---|
| ソリン | チテ | ナメ | セヒ | フラ |

139

 Special Combinations / 特殊音 / Son spécial

Small ア, イ, ウ, エ, オ, and ユ are combined with other katakana characters to more closely represent the native pronunciations of loan words. Although two characters are used, their combined sound is pronounced in one beat. When writing these small characters, make their height about half that of the normal size.

为了表示接近外来语的发音，会加上小"ア、イ、ウ、エ、オ、ユ"。虽然是用两个片假名写成的，但却是一拍的音。小字的书写高度应为普通字的一半左右。

Des petits [ ア , イ , ウ , エ , オ , ユ ] sont ajoutés pour se rapprocher de la prononciation des mots étrangers. Les nouvelles syllabes s'écrivent avec deux katakana, mais forment un seul temps. Écrivez ces petits kana de façon qu'ils fassent la moitié de la hauteur d'un kana normal.

| 234 | she シェ | je ジェ | che チェ | | |
|---|---|---|---|---|---|
| 235 | thi ティ | dhi ディ | twu トゥ | dwu ドゥ | dhu デュ |
| 236 | tsa ツァ | tsi ツィ | tse ツェ | tso ツォ | |
| 237 | ye イェ | whi ウィ | whe ウェ | who ウォ | |
| 238 | va ヴァ | vi ヴィ | ve ヴェ | vo ヴォ | |

# 地名

Place Names / 地名 / Noms du Liev

| | | | |
|---|---|---|---|
| 1. アメリカ | America; USA<br>美国<br>États-Unis | 2. ワシントン | Washington<br>华盛顿<br>Washington |
| 3. イギリス | United Kingdom<br>英国<br>Royaume-Uni | 4. ロンドン | London<br>伦敦<br>Londres |
| 5. インドネシア | Indonesia<br>印度尼西亚<br>Indonésie | 6. ジャカルタ | Jakarta<br>雅加达<br>Jakarta |
| 7. オーストリア | Australia<br>奥地利<br>Autriche | 8. ウィーン | Vienna<br>维也纳<br>Vienne |
| 9. かんこく | South Korea<br>韩国<br>Corée du Sud | 10. ソウル | Seoul<br>首尔<br>Séoul |
| 11. スウェーデン | Sweden<br>瑞典<br>Suède | 12. ストックホルム | Stockholm<br>斯德哥尔摩<br>Stockholm |
| 13. タイ | Thailand<br>泰国<br>Thaïlande | 14. バンコク | Bangkok<br>曼谷<br>Bangkok |
| 15. ちゅうごく | China<br>中国<br>Chine | 16. ペキン | Beijing<br>北京<br>Pékin |
| 17. ドイツ | Germany<br>德国<br>Allemagne | 18. ベルリン | Berlin<br>柏林<br>Berlin |
| 19. ナイジェリア | Nigeria<br>尼日利亚<br>Nigéria | 20. アブジャ | Abuja<br>阿布贾<br>Abuja |
| 21. にほん | Japan<br>日本<br>Japon | 22. とうきょう | Tokyo<br>东京<br>Tokyo |
| 23. フィリピン | Philippines<br>菲律宾<br>Philippines | 24. マニラ | Manila<br>马尼拉<br>Manille |
| 25. フランス | France<br>法国<br>France | 26. パリ | Paris<br>巴黎<br>Paris |
| 27. ベトナム | Vietnam<br>越南<br>Vietnam | 28. ハノイ | Hanoi<br>河内<br>Hanoï |
| 29. マレーシア | Malaysia<br>马来西亚<br>Malaisie | 30. クアラルンプール | Kuala Lumpur<br>吉隆坡<br>Kuala Lumpur |
| 31. ロシア | Russia<br>俄罗斯<br>Russie | 32. モスクワ | Moscow<br>莫斯科<br>Moscou |

## 短い文の練習

**Practice Writing Short Sentences / 短句练习 / Exercices d'écriture de phrases courtes**

🔊 241

はじめまして。
Hajimemashite.

これから よろしく
おねがいします。
Korekara yoroshiku
onegaishimasu.

It's nice to meet you. I look forward to working with you. / 初次见面。今后请多多关照。 / Je suis ravi(e) de faire votre connaissance Je m'en remets à vous pour la suite.

---

みきさん、
Mikisan,

たんじょうび
おめでとう ございます！
Tanjoubi omedetou gozaimasu!

Happy birthday, Miki-san! / Miki，生日快乐！ / Joyeux anniversaire, Miki-san !

---

ほっかいどうの こうちゃです。
Hokkaidouno kouchadesu.

どうぞ。
Douzo.

This is tea from Hokkaido. Please (drink it). / 这是北海道的红茶。请享用。 / C'est du thé (noir) de Hokkaido. Je vous en prie.

かおるさん
Kaorusan
レッスン、ありがとうございました。
Ressun, arigatougozaimashita.
いつか ベトナムに きてください。
Istuka betonamuni kitekudasai.
メイ
Mei

Kaoru-san,
Thanks for giving me the lesson.
Please come to Vietnam
someday.
Mei

Kaoru老师
感谢您的授课。
欢迎您下次来越南。
May

Kaoru-san
Je vous remercie pour la leçon.
Venez un jour au Vietnam.
Mei

---

うえださん
Uedasan
フランスでも がんばって ください。
Furansudemo ganbatte kudasai.
また あいましょう！
Mata aimashou!
ウィリアム
Wiriamu

Ueda-san,
Good luck with everything in
France.
Hope to see you again!
William

上田
请在法国也加油努力。
下次再见！
威廉

Ueda-san
Bonne chance en France aussi.
Revoyons-nous un jour !
William

---

Ryoさん
Ryosan
イギリスの ファンです。
Igirisuno fandesu.
Ryoさんの ダンスが だいすきです！
Ryosanno dansuga daisukidesu!
ジェシー
Jeshi－

Ryo-san,
I'm a fan in the UK.
I love the way you dance!
Jessie

Ryo
我是来自英国的粉丝。
我非常喜欢Ryo的舞蹈！
杰西

Ryo-san
Je suis fan du Royaume-Uni.
J'adore la danse de Ryo-san !
Jessy

## 著者紹介

# 林 富美子

### はやし ふみこ

明治大学国際日本学部兼任講師、東京大学グローバル教育センター非常勤講師。著書に『ミニストーリーで覚える日本語能力試験ベスト単語N5 / N4』（ジャパンタイムズ出版）、『にほんご活用マスター』（アスク出版）、『BASIC KANJI WORKBOOK 使って、身につく！漢字×語彙2』（凡人社）、『日本語能力試験完全模試 N1』（Jリサーチ出版）などがある。

# 鶴田 利奈

### つるた りな

白海社正会員、仮名師範。幼少より書道を嗜み、秋山和也氏に師事。古典の臨書によって美と表現の原理、技法を学び日々創作に励む。本書が初の著書。

---

本書籍の付録動画は、アップロード先のサービス終了などの理由で、予告なく見られなくなる場合がございます。動画にアクセスできない場合、以下のページをご確認ください。

The supplementary videos for this book may become unavailable without prior notice due to reasons such as the termination of the hosting service. If you cannot access the videos, please check the following page.

本书附带的视频可能会因上传平台服务终止等原因而无预警地无法观看。如果无法访问视频，请查看以下页面。

Les vidéos supplémentaires de ce livre peuvent devenir inaccessibles sans préavis en raison de l'arrêt du service d'hébergement ou d'autres motifs. Si vous ne pouvez pas accéder aux vidéos, veuillez consulter la page suivante.

https://bookclub.japantimes.co.jp/jp/book/b656549.html